유원호 교수의 10일 완성

SPEAKING
절대 매뉴얼

SPEAKING 절대 매뉴얼

지은이 유원호
펴낸이 임상진
펴낸곳 (주)넥서스

초판 1쇄 발행 2011년 2월 25일
초판 7쇄 발행 2016년 6월 30일

2판 1쇄 발행 2017년 3월 1일
2판 11쇄 발행 2024년 4월 15일

출판신고 1992년 4월 3일 제311-2002-2호
주소 10880 경기도 파주시 지목로 5
전화 (02)330-5500 팩스 (02)330-5555
ISBN 978-89-98454-76-0 13740

www.nexusbook.com

THE ABSOLUTE

유원호 교수의 10일 완성

SPEAKING
절대 매뉴얼

유원호 지음

넥서스

들어가는 말

이 책은 Speaking에 꼭 필요한 10개의 발음규칙(Rule)을 중심으로 구성되어있습니다. 먼저 각각의 Rule을 간단명료한 예와 함께 설명했고, 'Listen & Practice'라는 코너를 통해 각 Rule을 집중적으로 연습할 수 있게 하였습니다. 그리고 이어지는 두 편의 로맨틱 코미디/드라마에서 선별된 명장면과 명대사를 통해 각 Rule에서 배운 발음규칙을 대화에서 연습할 수 있도록 하였습니다.

모든 영화의 명장면과 명대사는 10개 Rule의 분석이 모두 포함되어있으므로 처음에는 각 영화에서 가장 중요한 발음을 소개하고 있는 '이것만은 확실히!'를 집중적으로 연습하는 것이 좋습니다. 해석은 뜻이 자연스럽게 전달될 수 있도록 의역을 하였기 때문에 부연설명이 필요한 부분은 '영화 속 표현 탐구', '영화 속 문장 구조 배우기', '영화 속 문화 엿보기' 또는 '영화 속 발음 이야기' 등을 제공하여 명장면의 이해를 도왔습니다.

명장면/명대사의 발음 분석은 아래 보기와 같이하였습니다. 연음에 관한 Rule #3과 Rule #4는 ‿로 표기하였고 그 외의 발음 Rule이 적용되는 부분은 밑줄을 그었습니다. 밑줄 친 부분에 관련된 Rule은 ⑧⑥① 과 같은 원형번호로 표기하였고 번호 옆에는 가장 비슷한 한국어 발음 표기를 하였습니다.

Amanda **I'm gonna try to see that as‿a compliment.**
⑧⑥①추(r)롸이르   ②① 캄쁠러먼트

보기의 '⑧⑥①추(r)롸이 르'는 Rules #8, #6, #1이 적용되어 try to가 '추(r) 롸이 르'로 발음된다는 뜻입니다. Rule이 적용되어 유의해야 할 발음은 '초 르'처럼 밑줄로 표시하였습니다. 영어와 우리말의 음성 구조는 다른 점이 많기 때문에 영어발음을 모두 우리말로 표기할 수는 없습니다. 우리말로 표기되지 않는 소리는 '(r)롸' 처럼 작은 괄호 안에 알파벳을 사용해 표기하 였고, 음절을 이루지 않는 소리는 '추', '이'처럼 작게 표기하였습니다.

이렇게 음절을 이루지 않는 소리는 음절을 이루는 소리보다 빠르게 발음 이 됩니다. try '추(r)롸이'는 1음절 단어이기 때문에 크게 표기된 음절은 '(r) 롸' 하나밖에 없습니다. 마찬가지로 compliment '캄쁠러먼트'도 3음절 단 어이므로 크게 표시된 음절은 세 개밖에 없죠. (2음절 이상의 단어에서 는 강세가 있는 음절을 '캄' 처럼 진하게 표기하였습니다.) business를 '비 즈니스'라고 발음했을 때 원어민이 못 알아듣는 가장 큰 이유도 business '비(z)즈너스'는 2음절 단어인데 우리말 발음 '비즈니스'는 4음절이기 때문입 니다.

영어 회화에서 중요한 것은 원어민 같은 발음이 아니고 원어민, 비원어민 모 두 알아들을 수 있는 **좋은 한국인의 영어발음**입니다. 20편의 로맨틱 코미 디/드라마에서 선별된 명대사를 반복 청취하면서 10개의 Rule이 실전에 어 떻게 사용되는지를 공부하고 나면 안 들렸던 말들이 하나둘씩 들리게 되고 충분한 발음 연습 후에는 Speaking 능력도 저절로 향상되게 될 것입니다.

발음 규칙 확인하기 (Rule #1~#10)

이 책을 학습하는 데 필요한 발음 법칙을 예문과 함께 간단
하게 정리하였습니다. 꼼꼼한 강의식 설명과 다양한 예문으
로 규칙을 학습할 수 있습니다. 〈Listen & Practice〉에 있
는 단어를 들으며 각 Rule이 어떻게 적용되는지 듣고 연습
해보세요.

이것만은 확실히

각 Rule이 집중적으로 필요한 영화 속 대사입니다. 앞에서
배운 Rule에 주의하며 영화 속 주인공의 대사를 따라해 보
세요.

기억에 남는 장면 & 기억해 두고 싶은 대사

영화 속 대사의 발음을 꼼꼼하게 분석했습니다. 발음 규칙
이 실제 대화에서 어떻게 적용됐는지 확인해 보세요.

영화 속 발음 이야기 & 영화 속 문화 엿보기 & 영화 속 문장 구조 배우기

명장면/명대사가 왜 이렇게 발음이 되는지, 어떤 상황에서 나온 말인지, 문법에는 맞는 말인지 궁금증을 풀어드립니다.

영화 속 표현 탐구 ....

영화 속에 등장한 다양한 표현을 예문을 통해 더 쉽고 빠르게 이해하고 암기할 수 있는 코너

특별부록 영화 대본 완성하기 ....

넥서스북 홈페이지에서 제공하는 특별부록입니다. 〈기억에 남는 장면〉과 〈기억해 두고 싶은 대사〉를 들으면서 따라 써 보세요. 영화 속 장면을 떠올리며 대사를 받아적다 보면 어느새 대사가 입에 착! 붙습니다.

QR코드로 MP3 듣기 ....

MP3 들으려고 컴퓨터 켜고, 핸드폰 연결하고. 많이 번거로 우셨죠? 각 영화 페이지 위에 있는 QR코드를 스마트폰에서 QR코드 리더 앱으로 읽으면 원어민 MP3를 바로 들을 수 있습니다.

Contents
차례

SPEAKING MANUAL

Rule

1

강세가 없는 음절의 모음과

기능어의 모음은

'어'(또는 '으')로 발음한다.

영어의 모음 중 한국어에 없는 모음은 /a, i, u, æ/ 4개밖에 없습니다. 하지만 이 모음을 발음하지 못해서 의사소통이 안 되는 경우보다 강세가 없는 모음을 '어'로 발음하지 않아서 의사소통이 되지 않는 경우가 훨씬 많습니다.

강세가 없는 모음이 '어'로 발음되는 이유는 '어'가 가장 힘을 들이지 않고 낼 수 있는 소리이기 때문입니다. 아침에 졸린 눈을 비비며 힘없이 내는 소리가 바로 '어…'(발음기호로는 /ə/)입니다. 직접 '아, 에, 이, 오, 우'를 소리 내서 발음해 보면 다른 모음들을 발음하기 위해서는 입술이나 혀, 또는 턱을 움직여야 한다는 것을 알 수 있습니다.

그럼 왜 강세가 없는 음절의 모음은 '어'로 발음을 해야 할까요? 우리말을 비롯한 많은 언어들이 '음절 박자 언어(syllable-timed language)'인 것에 반해 영어는 '강세 박자 언어(stress-timed language)'이기 때문입니다. 영어는 음절 수와 관계없이 강세의 숫자에 따라 단어나 문장을 읽는 데 소요되는 시간이 결정됩니다. 4분의 4박자인 노래에서는 한 마디가 음정 수에 관계없이 꼭 4박자에 끝나야 하는 것처럼 영어도 한 단어나 문장 안에 강세가 4개가 있다면 그 단어/문장 안에 음절이 몇 개가 되던 4박자에 끝내야 하는 것이죠.

① Canada와 ② Canadian의 첫째 모음 'a'의 발음을 비교해 보면 강세에 따라 모음이 어떻게 변하는지를 잘 알 수 있습니다.

① <u>Ca</u>nada
캐너러

② Ca<u>na</u>dian
커네이리언

① Canada '캐너러'에서는 첫 음절에 강세가 있기 때문에 'a'가 '애'와 비슷한 /æ/로 발음되지만 ② Canadian에서는 강세가 두 번째 음절에 있기 때문에 '커네이리언'으로 발음됩니다.

반대로 ③ Japan에서는 두 번째 음절에 강세가 있기 때문에 첫 음절은 '줘 /dʒə/'로 발음되지만 ④ Japanese에서는 강세가 첫 음절과 마지막 음절에 있으므로 첫 음절이 '좨 /dʒæ/'로 발음됩니다. (마지막 음절에 제1강세가 있으므로 '니'를 더 강하게 발음해야 합니다.)

③ Japan
줘팬

④ Japanese
좨뻐니(z)즈

영화 제목 Serendipity /serəndipəti/ '쎄(r)뢴디뻐리'에도 강세의 중요성이 잘 나타납니다. 강세가 있는 'se'와 'di'와는 달리 강세가 없는 'ren'과 'pi'의 모음은 모두 /ə/로 발음이 됩니다.

문장에서도 강세를 받지 않은 단어(기능어)의 모음은 거의 모두 '어'나 '으'로 발음됩니다. ⑤ I can do it.에서 조동사인 can은 기능어이기 때문에 강세를 받지 않아 모음이 '으'로 발음됩니다.

⑤ I can do it.
아이 큰 두 잇

⑥ I can't do it.
아이 *캔 두 잇

*Rule 9 참고(p. 129)

하지만 ⑥ I can't do it.의 can't는 의미어인 부정어 not이 포함되어 모음이 /æ/로 발음됩니다. 그래서 ⑤ I can do it.의 can을 '큰' 대신 '캔'으로 발음하면 원어민이 can't로 잘못 알아듣는 경우가 생기는 것입니다.

| 기능어 = 관사, 대명사, 전치사, 접속사, 조동사 | 강세 없음 |
| 의미어 = 명사, 본동사, 형용사, 부사, 의문사, 부정어 | 강세 있음 |

Listen & Practice I

MP3 듣기

1.   ⓐ econ<u>o</u>my   ⓑ econ<u>o</u>mical

2.   ⓐ rec<u>o</u>rd   ⓑ to rec<u>o</u>rd

3.   ⓐ appl<u>i</u>cation   ⓑ to <u>a</u>pply

4.   ⓐ J<u>a</u>pan   ⓑ Jap<u>a</u>nese

5.   ⓐ Can<u>a</u>da   ⓑ C<u>a</u>nadian

6.   ⓐ b<u>a</u>nana   ⓑ v<u>a</u>nilla

7.   ⓐ <u>e</u>vent   ⓑ <u>a</u>larm

8.   ⓐ syst<u>e</u>m   ⓑ it<u>e</u>m

9.   ⓐ lab<u>e</u>l   ⓑ lev<u>e</u>l

10. ⓐ I c<u>a</u>n do it.   ⓑ I can't do it.

밑줄 친 모음이 모두 '어'로 발음됩니다.

Confessions of a Shopaholic

A If the <u>American economy can</u> be billions in debt and still
①②어메(r)뤄끈　이카너미　큰

survive, so can you.

B I will kill you if⌣you sell⌣it. It <u>completely</u> defines⌣you.
①⑨큼플릿리　　　　　　　　　3u:

15

기억에 남는 장면

Rebecca는 엄청난 카드빚을 지고도 충동구매를 끊지 못해 카드 회사 직원에게 쫓겨 다니는 신세가 됩니다. 결국 TV에서 공개적인 망신을 당한 후 거액의 빚을 갚아야 하는 Rebecca의 처지를 불쌍히 여기는 아버지 Graham과의 대화.

Graham Your mom and I think if the American economy can be
❶❷어메(r)뤄끈 이카너미 큰

billions in debt and still survive, so can you. The RV's

worth‿about 13…

Rebecca I will kill you if‿you sell‿it. It completely defines‿you.
❶❾클플릿리 ʒuː

Completely.
❶❾클플릿리

Graham Nothing defines me, except‿you and your mother.
익셉 츄

Rebecca
You see, a man will never love‿you or treat‿you
　　　　　　　　　　　　　　　　　　　⑧추(r)뤼　츄

as well as‿a store. If‿a man doesn't fit, you can't
　　애　(z)저　②스또얼(r)

exchange‿him seven days later for a gorgeous
⑦①익스쮀인　쳄　　　　　　　⑥레이럴(r)

cashmere sweater.
　　　　⑥스웨럴(r)

→ Rebecca가 왜 남자보다 백화점이 더 좋다고 생각하는지 고백하는 대사입니다. 여기서 store는 백화점(department store)을 말하죠. 이 영화 제목 〈Confessions of a Shopaholic〉에 가장 어울리는 대사인 것 같습니다.

Luke
Cost‿and worth‿are very different things.
②①카스　　뜬

→ Rebecca가 20불을 구하기 위해 핫도그 상인과 말도 안 되는 실랑이를 벌이자 뒤에서 기다리고 있던 Luke가 핫도그를 빨리 사기 위해 Rebecca에게 20불을 주고 난 뒤 한 말.

Narrator
Your new mantra is, "Do I need this?"
　　　　　⑧만츄(r)롸

→ mantra는 기도나 명상을 할 때 외우는 주문입니다. 백화점에서 마음에 드는 물건을 볼 때마다 무조건 사는 shopaholic(쇼핑 중독자)에게 꼭 필요한 주문은 Do I need this?이겠죠.

영화 대본 확인하기 …… 기억에 남는 장면

Graham	미국 경제가 수천억을 빚지고도 살아갈 수 있다면, 엄마와 난 너도 그럴 수 있을 거라고 생각한다. 캠핑카로 13,000불 정도는…….
Rebecca	아빠, 절대 안 돼요! 캠핑카는 아빠 인생의 전부잖아요.
Graham	너와 네 엄마 없이는 난 아무것도 아니야.

 …………… 기억해 두고 싶은 대사

1 *Rebecca*   너도 알겠지만, 남자는 백화점만큼 날 사랑해 주거나 잘 대해 주지 않아. 남자가 나에게 어울리지 않는다고 7일 후에 멋진 캐시미어 스웨터로 교환할 수도 없잖아.

2 *Luke*   비용과 가치는 아주 다른 것이다.

3 *Narrator*   당신의 새로운 주문은 "나에게 이것이 필요할까?"입니다.

영화 속 문화 엿보기

Rebecca의 빚을 갚아주기 위해 아버지인 Graham이 자기의 캠핑카(RV)를 팔겠다고 하자 Rebecca가 I will kill you if you sell it.이라고 합니다. 직역을 하면 "캠핑카를 팔면 널 죽여 버릴거야."인데 어떻게 아버지에게 그런 말을 할 수 있는지 정말 의문이 가는 대목입니다.

미국이나 영국 영화를 보면 형, 오빠, 삼촌, 이모 등등의 가족 호칭 대신 이름을 불러서 가족 관계를 파악하기 어려운 경우가 많습니다. 때로는 아빠도 격식 없이 친구 부르듯 이름으로 부르기도 하죠. 우리도 친한 친구 사이끼리는 "너 그러면 죽어!"라고 말할 수 있는 것처럼, Rebecca와 아버지의 사이가 친한 친구 사이라고 생각하면 어떻게 아버지에게 I will kill you if you sell it. 이라는 말을 할 수 있는지 이해가 좀 되죠.

Serendipity

A Serendipity. It's one‿of my favorite words.
①②⑥쎄(r)륀디뻐리　⑦워 너 마이

B Except‿I don't really believe‿in accidents.
②⑥익쎕 따 론　　　　　　　①⑥액써런츠

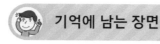 크리스마스이브의 뉴욕, 애인에게 줄 선물을 사러 백화점에 간 Jonathan은 우연히 영국 여인 Sara를 만나 자기가 사려던 캐시미어 장갑을 그녀에게 양보합니다. 그녀가 보답으로 그를 카페 '세렌디피티'로 데려가고 둘은 사랑의 감정을 느끼게 됩니다.

Jonathan	Let me tell you something. This is the <u>ultimate</u> blend to 　❶얼터멋
	drink. Where did‿you find this place? 　❺주(r)링크　❺워　리　쥬
Sara	I first came in <u>because‿of the name.</u> 　❼비커　(z)저 (ð)더　네임
Jonathan	Hmm.
Sara	<u>Serendipity.</u> It's one‿of my favorite words. 　❶❷❺쎄(r)뤈디뻐리　❼워　너 마이
Jonathan	It‿is? Why? 　❺이 리(z)즈
Sara	'Cause it's such‿a nice sound for what‿it means: a 　써　춰　❺와　릿
	fortunate <u>accident.</u> 　❶❺액써런트

Jonathan   Hmm.

Sara   Except‿I don't really believe‿in accidents. I think fate's

behind everything.

Jonathan   Oh, you do?

Sara   Yeah.

Jonathan   Fate's behind everything?

Sara   I think so.

Jonathan   Everything's predestined? We don't have‿any choice

at‿all?

Sara   I think we make‿our own decisions. I just think that fate

sends‿us little signs, and it's how we read the signs that

determines whether we're happy or not.

Jonathan   Little signals. Yeah.

Sara   Yeah.

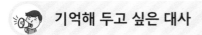

Jonathan   So you're gonna go meet your boyfriend now or
　　　　　　　　　　　 미　　 쵸얼(r)
　　　　　　 what?

Sara   No, I think he's probably out doing what you're doing.
　　　　　　　　　　　　　　　　　　　　　　　　　　　　　 ⊙

Jonathan   Getting a crush on someone else's girlfriend?
　　　　　　 ⓗ게링

Jonathan   Maybe we're supposed to meet on British time.
　　　　　　　　　　　　　　　　　　ⓗ미　　 런

　　　　　　 We're five hours too early. Come on. I don't even know
　　　　　　　　　　　　　　　　　　　　　　　　　　　 ⓗ아　 론

　　　　　　 your name. My name is Jonathan. Does that make
　　　　　　　　　　　　　　　　　　　　　　　　　　　　　　ⓔ메이

　　　　　　 you wanna tell me something?
　　　　　　 꾸

Sara   Yeah, it does.

　　　　　　 (Sara kisses Jonathan on the cheek.)

　　　　　　 Merry Christmas, Jonathan. And thanks.

Jonathan	What do you miss most about Mother England?

ⓢ❶와 르 유   ❷모우스   떠**바**웃

Sara	I miss my mom terribly.

Jonathan	If I were her, I'd miss you too.

미   슈

→ '이거 초면에 너무 들이대는 거 아닌가?' 하는 생각이 들 정도로 Jonathan이 Sara에게 적극적으로 대시를 합니다. 하지만 운명을 믿는 Sara는 이름도 가르쳐 주지 않은 채 냉담한 반응을 보이죠. Sara는 fate(운명)과 serendipity(뜻밖의 운)가 다르다고 말을 하지만 꼭 그런 것 같지는 않습니다. 뜻밖의 일들이 모두 운명처럼 일어나는 것이죠.

제가 학부 때 UC Berkeley에서 심리학을 전공하면서 처음 수강한 세미나 과목은 매주 심리학과 교수님이 한 분씩 오셔서 자신의 연구 분야에 대한 말씀을 해 주시고 어떻게 교수가 되었는지에 대해 학생들에게 편안하게 말을 해 주는 형식으로 진행되었습니다. 교수님 열다섯 분 중 절반 이상이 지금 연구 분야에 관심을 갖게 된 가장 큰 이유는 serendipity라고 말씀하시더군요. 우연찮게 발견한 분야에 흥미를 가지고 몰두하다 보니 생각지도 못했던 교수까지 되었다고 말입니다.

사람의 운명을 바꾸는 일은 생각해 보면 어렵지 않습니다. 단 하나의 serendipitous한 일이 운명을 바꾸기도 합니다. 같은 날 같은 장소에서 하나밖에 남지 않은 장갑을 동시에 집어서 만나게 된 Sara와 Jonathan같이 말이죠.

Jonathan	이거 하나 말씀드리죠. 이건 정말 맛있는 주스네요. 이런 곳을 어떻게 아셨죠?
Sara	처음에는 이름 때문에 들어왔어요.
Jonathan	흠.
Sara	'Serendipity' 제가 가장 좋아하는 말 중에 하나거든요.
Jonathan	그래요? 왜죠?
Sara	'우연한 행운'이란 뜻을 가진 단어 치고 정말 듣기 좋은 소리를 가진 단어라서요.
Jonathan	흠.
Sara	우연을 믿지 않는다는 것만 빼고 운명이 모든 걸 좌우한다고 생각해요.
Jonathan	그래요?
Sara	네.
Jonathan	운명이 모든 걸 결정해요?
Sara	그렇게 생각해요
Jonathan	모든 게 이미 정해져 있다? 우리는 아무 선택의 권리가 없어요?
Sara	결정을 하는 건 우리라고 생각해요. 하지만 운명이 우리에게 계시를 보내고 우리가 그 계시를 어떻게 읽느냐에 따라 우리가 행복해질 수도 있고 불행해질 수도 있다고 생각하죠.
Jonathan	계시라?
Sara	맞아요.

I	Jonathan	그래서 지금 남자 친구 만나러 가시나요?
	Sara	아니요. 그이도 아마 지금 당신이 하는 일을 하고 있을걸요.
	Jonathan	남의 여자 친구한테 반하고 있다고요?

- -

2	Jonathan	영국 시간으로 만나야 하는데 우리가 다섯 시간 일찍 만났네요. 그러지 말고, 전 당신 이름도 몰라요. 제 이름은 Jonathan입니다. 제게도 뭔가 말해 주고 싶지 않으세요?
	Sara	네, 그럼요. (Sara가 Jonathan의 뺨에 키스한다.) 메리 크리스마스, Jonathan. 고마웠어요.

- -

3	Jonathan	영국에서 가장 그리운 건 뭐죠?
	Sara	엄마가 가장 보고 싶어요.
	Jonathan	제가 당신 엄마라도 당신을 그리워할 것 같네요.

Rule

2

강세 있는 음절의
첫 음이 아닌 /p, t, k/는
'ㅃ, ㄸ, ㄲ'로 발음한다.

영어회화 능력을 향상시키는 데 가장 큰 걸림돌 중 하나는 알파벳 하나와 우리말 소리 하나를 연관시켜 발음하는 잘못된 습관입니다. 'p'를 항상 'ㅍ'로 발음한다면 '파파 존스 (Papa John's)' 피자의 Papa에서 두 'p'가 다르게 발음 된다는 것이 믿겨지지 않겠죠. 처음 'p'는 'ㅍ'로 발음되지만 두 번째 'p'는 'ㅃ'로 발음됩니다. 그래서 '파파'가 아니고 '파빠'로 발음되죠. 두 번째 음절에는 강세가 없기 때문입니다.

물론 paper의 두 번째 'p'도 'ㅃ'로 발음됩니다. paper를 수백 번 이상 미드나 영화에서 접했음에도 불구하고 두 'p'가 다르게 발음 된다는 것을 모르는 이유는 'p'는 항상 'ㅍ'로 발음 된다고 생각하기 때문입니다. 하지만 지금부터 두 번째 'p'는 'ㅃ'라고 생각하고 들으면 정말 거짓말같이 그렇게 들립니다.

①과 ②의 /p, t, k/가 모두 'ㅃ, ㄸ, ㄲ'로 발음되는 이유도 강세 있는 음절의 첫 음이 아니기 때문입니다.

/p/	/t/	/k/
① speak	step	sky
스삑	스떼ㅂ	스까이
② happy	actor	walking
해삐	액떨(r)	와낑

원어민 친구에게 한번 물어보면 어떨까요? Papa를 발음할 때 왜 똑같은 'p'를 다르게 발음하냐고 한번 물어보세요. 백이면 백 무슨 말도 안되는 소리를 하냐는 식으로 쳐다봅니다. 그리고 친절하게 천천히 발음을 해주며 'p'가 다르게 발음되지 않는다고 말해줍니다. 왜 그럴까요? 원어민이기 때문에 자신들의 'p' 발음을 다르게 들을 수 없기 때문입니다.

우리나라 사람들도 마찬가지입니다. 한번 '동동주'를 발음해 보세요. 처음 '동'과 두 번째 '동'을 같게 발음하나요, 아니면 다르게 발음하나요? 혹시 미국 인이 왜 똑같은 '동'을 다르게 발음하냐고 물어보면 어떻게 대답하시겠어요? 웬 말도 안 되는 질문을 하냐고 대답한 뒤 친절하게 천천히 발음해 주며 처음 '동'과 두 번째 '동'은 발음이 똑같다고 말하겠죠?

하지만 한국 사람은 정말 모두 '동동주'의 처음 '동'과 두 번째 '동'을 다르 게 발음합니다. 처음 '동'은 사실 '통'과 비슷하게 발음됩니다. 단지 둘 다 '동' 으로 쓰기 때문에 발음이 똑같다고 느끼는 것이죠. 그래서 미국 사람들은 '통 동주'라고 발음합니다. 왜냐고요? 우리가 그렇게 발음을 하기 때문이죠.

혹시 "외국인들은 왜 '감사합니다'를 '캄사합니다'라고 발음할까?"라는 생 각을 해본 적 있나요? 외국인들이 귀가 이상해서일까요? 아닙니다. 우리가 그 렇게 발음을 하기 때문이지요. 한번 '감'과 '캄'을 번갈아서 발음해 보세요. '감' 을 발음할 때보다 '캄'을 발음할 때 음의 높이(pitch)가 높다는 것을 느낄 수 있을 것입니다. 이런 아주 미묘한 음의 높이를 한국 사람들은 구별하지만 외국 인들은 구별하지 못하기 때문에 모두 '캄'이라고 발음하는 것입니다.

영어발음을 향상시키는 가장 좋은 방법은 우리말에 없어서 발음하기 어려 운 /r/이나 아무리 들어도 구별이 안 되는 단모음 /i/와 같은 소리를 맹연습하는 것이 아닙니다. 알파벳 하나가 우리말 소리 하나로 발음된다는 잘못된 생각을 버리고 한국 사람이기 때문에 들을 수 있고 발음할 수 있는 소리를 먼저 공부하 는 것이 영어발음을 짧은 기간에 향상시킬 수 있는 가장 좋은 방법입니다.

Listen & Practice II

MP3 듣기

	/p/	/t/	/k/
1.	ⓐ speak	ⓑ step	ⓒ sky
2.	ⓐ speed	ⓑ steak	ⓒ ski
3.	ⓐ space	ⓑ steam	ⓒ skate
4.	ⓐ spam	ⓑ stone	ⓒ screen
5.	ⓐ Spain	ⓑ stain	ⓒ school
6.	ⓐ happy	ⓑ actor	ⓒ walking
7.	ⓐ copy	ⓑ doctor	ⓒ smoking
8.	ⓐ super	ⓑ practice	ⓒ weekend
9.	ⓐ apple	ⓑ after	ⓒ pocket
10.	ⓐ people	ⓑ character	ⓒ ticket

깜짝 퀴즈 **1** What's the name of the place that coffee can't go to?

정답: "깐짜" Mocha

Sex and the City

이것만은
확실히!

○ We were <u>perfectly happy</u> before we <u>decided</u> to live
ⓢ펄(r)(f)픽끌리 ❷해삐　　　　　　ⓢ디사이릿

<u>happily</u> ever <u>after.</u>
❷❶해뻘리　　❷애(f)프떨(r)

29

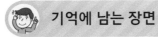
 결혼에 대한 확신이 서지 않은 채 Carrie와의 결혼식을 준비하던 Mr. Big은 결국 결혼식 장에 나타나지 않았고 Carrie는 Mr. Big과 결별을 하고 맙니다. 많은 시간이 흐른 후, 신혼살림을 차리려 했던 집에 놓아두었던 새 구두를 찾으러 간 Carrie가 Mr. Big과 우연히 재회하는 장면.

Mr. Big I was gonna get these to you. I didn't want it to be a
ⓑ워   닛

total loss.
ⓔ①토우를

Carrie It wasn't logic; it was love.

(Carrie runs to Mr. Big, and they kiss each other passionately.)

Why did we ever decide to get married?
ⓒ와이 릿

Mr. Big I guess we were afraid it would mean something if we

didn't. I'm sorry to have done that to you.

Carrie *I'm sorry to have done that to you. You know the funny

part?

Mr. Big Is there a funny part?

Carrie   We were perfectly happy before we decided to live
펄(f)픽끌리   해삐   디사이릿

happily ever after.
해뻘리   애(f)프떨(r)

Mr. Big   Guess the joke's on us.
어 너스

Carrie   It's a good closet.

Mr. Big   Thanks.

Carrie   It's comfortable. Is this what you had in mind when you
해 린

installed the carpet?
인스떨   칼(r)뻿

Mr. Big   I'd like to think I was that smooth.
(e)띵   까이

Carrie   We better get up before the new owners bust in on
게 럽   버스 띠 너

us.
너스

Mr. Big   And the way we decided to get married… it was all
디사이릿

business. No romance. That's not the way you propose to

someone. This is. Carrie Bradshaw, love of my life, will

you marry me?

Mr. Big	내가 가져다주려고 했었는데. 그냥 버리기에는 아까워서.
Carrie	그건 논리가 아니라 사랑이었다.
	(Carrie가 Mr. Big에게 달려간다. 그리고 둘은 정열적인 키스를 나눈다.)
Carrie	우리가 왜 결혼하려고 했죠?
Mr. Big	글쎄 결혼을 안 하면 사랑이 아닌 것처럼 보일까 봐? 결혼식 일은 미안하오.
Carrie	저도 미안해요. 웃긴 게 뭔지 알아요?
Mr. Big	웃긴 부분이 있었나?
Carrie	우리가 결혼해서 평생 행복하게 살기로 결심하기 전까지는 정말 행복했었잖아요.
Mr. Big	우리 꾀에 우리가 넘어갔지.
Carrie	좋은 옷장이에요.
Mr. Big	고마워.
Carrie	아 편안해. 이렇게 누워 있으려고 카펫 깔 생각한 거예요?
Mr. Big	그 정도 선수라고 생각하고 싶어지는군.
Carrie	새 주인이 들이닥치기 전에 일어나야죠.
Mr. Big	우리가 결혼하기로 결정한 방식은··· 너무 사무적이었어. 낭만이 없었지. 프러포즈는 그렇게 하는 게 아니지. 이렇게 하는 거야. Carrie Bradshaw, 나의 영원한 사랑, 나와 결혼해 주겠어?

영화 속 문장 구조 배우기

I'm sorry to have done that to you. "너에게 그렇게 해서 미안해." 이 문장에 왜 to do를 쓰지 않고 완료형인 to have done을 썼을까요? 같은 의미의 문장을 that절을 사용해서 말하면 I'm sorry (that) I did that to you.가 되겠죠. 미안한 감정은 현재이므로 현재 시제인 am이 쓰였고 그렇게 행동을 한 것은 과거이므로 과거 시제인 did가 쓰였습니다.

이 문장을 to부정사를 써서 바꾸면 to부정사 뒤에는 과거형이 올 수 없고 동사원형이 와야 하므로 I'm sorry to do that to you.가 되겠죠. 그러면 to do는 현재나 미래를 가리키게 됩니다. 그래서 to부정사 뒤에 나오는 동사가 주절의 동사보다 과거에 일어났다는 것을 보여 주기 위해서 완료형을 사용해 to have done을 쓴 것입니다.

그럼 다음 두 문장의 차이점은 무엇일까요?

ⓐ It doesn't seem to work.　　ⓑ It doesn't seem to have worked.

ⓐ는 "작동하지 않는 것 같다."이고 ⓑ는 "작동하지 <u>않았던</u> 것 같다."입니다. ⓐ와는 달리 ⓑ에는 완료형인 to have worked가 쓰였으므로 과거로 해석해야겠죠.

영화 속 발음 이야기

미국 사람들은 Thank you.를 남발하기로 유명합니다. 제가 대학원에 다니면서 알게 된 친구에게 전화를 걸었더니 끊기 전에 Thanks for calling! "전화해 줘서 고마워!"이라고 말하더군요. Thank you.에 대한 기본적인 응답은 You're welcome!이지만 상대방에게 호의를 베푼 상황이 아니라면 No problem! 또는 Sure!로 응답하는 것이 더 적절합니다.

또, 내가 감사해야 할 상황에 오히려 상대방이 먼저 감사를 표현할 때도 있습니다. 저녁 식사에 초대를 받아 식사가 끝난 뒤 host가 Thank you so much for joining us for dinner.라고 말하면 You're welcome.이라고 대답할 수 없겠죠. 이럴 때는 you에 강세를 주고 Thank YOU for inviting me.라고 대답하는 것이 좋습니다.

마찬가지로 Mr. Big이 먼저 Carrie에게 I'm sorry to have done that to you.라고 말했을 때는 문장 강세가 that에 있습니다. 하지만 Carrie가 똑같은 말을 Mr. Big에게 할 때에는 문장 강세가 you에 있죠. 똑같은 Thank you.이지만 host는 Thank에 강세를 주고 저녁 식사를 대접받은 쪽이 대답을 할 때는 you에 강세를 주는 것과 같은 원리입니다.

영화 속 Rule 실전 적용 2

The Devil Wears Prada

A Let me know when your whole life goes⏝up⏝in smoke.
　　　　　　　　　　　　　　　　　　　　　　❷고우　（z）접　빈

B Just⏝own⏝up to it. And then we can stop pretending
　　　❷줘스　　뜨우　넙　　　　　　　　❶❷큰 스땁

like we have anything in common anymore.

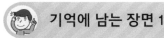 기억에 남는 장면 1 ▶ 0:56:57

 유명 패션 잡지 〈Runway〉의 편집장 비서 보조로 근무하게 된 Andy는 이전의 수수한 옷차림을 벗어던지고 자기가 혐오하던 패션 세계의 사람들처럼 차츰 변해 갑니다. 그로 인해 남자 친구와의 사이가 점점 멀어지게 된 Andy가 남자 친구와 멀어지는 것에 한탄하자 Nigel이 해주는 말.

Andy   It's⌣a busy day. And my personal life⌣is hanging by a

thread, that's⌣all.

Nigel   Well, join the club. That's what happens when you start
                                     ㉡해쁜(z)즈   ㉢

doing well at work, darling. Let me know when your
                        ㉢

whole life goes⌣up⌣in smoke. That means it's time for a
            ㉡고우 (z)접 삔   ㉢

promotion.

〈Runway〉 패션 잡지사에서 일하기 시작한 후 차츰 변해 가는 Andy를 지켜보던 남자 친구 Nate가 더 이상 참지 못하고 Andy와 결별을 선언하는 장면.

Nate Just⌣own⌣up to it. And then we can stop pretending like
❷쥐스 또우 넙   ❶❷큰 스땁

we have anything in common anymore.

Andy You don't mean that, you…
⑥유 론

Nate No, I do.

Andy Well, maybe this trip⌣is coming at⌣a good time. Maybe
⑧❷추(r)립 삐(z)즈   ⑥에 러

we should take⌣a break.
❷테이 꺼

(Nate turns and starts to walk away.)

Nate?

(Andy gets a call from her boss.)

I'm sorry. Just one second?

Nate You know, in case⌣you were wondering, the person
케이 슈

37

whose calls you always take, that's the relationship

you're in. I hope you two are very happy together.
ㄹ호웁   뷰   ㄹ해삐

1	Andy	바쁜 날이라서요. 제 개인적인 인생도 위태위태하고 그래서 그래요.
	Nigel	나와 같은 신세군. 네 인생이 완전히 망가지면 알려 줘. 승진할 때가 됐다는 뜻이니까.

2	Nate	그냥 인정해. 그러면 더 이상 우리가 공통점이 있는 척하지 않아도 되니까.
	Andy	진심은 아니지?
	Nate	진심이야.
	Andy	알았어, 이번 여행의 타이밍이 좋다고 봐도 되겠네. 어쩌면 잠시 떨어져 있는 것도 괜찮겠지. (Nate가 돌아서 걸어가기 시작한다.) Nate? (Andy의 직장 상사로부터 전화가 온다.) 미안. 잠깐만.
	Nate	그거 알아? 궁금해 할까 봐 말해 주지. 네가 항상 전화를 받아 주는 그 사람이 네가 사귀는 사람이라는 거. 둘이 정말 행복하길 바랄게.

미국 영화나 드라마에는 왜 그렇게 동거를 하는 커플이 많을까요? Jennifer Aniston은 미드 <Friends>에서도 남자 친구와 동거를 하고 영화 <He's Just Not That into You>와 <The Break-Up>에서도 동거를 합니다. <The Devil Wears Prada>에서 Andy와 Nate도 동거를 하는 사이죠.

미국에서 젊은 커플이 동거를 하는 이유는 여러 가지가 있습니다. 미국에서는 대학을 졸업하고 직장을 가진 후에도 부모님과 함께 사는 것을 이상하게 생각합니다. 대학에 입학하게 되면 주로 기숙사에서 살거나 학교 주위에서 친구들과 roommate를 하기 때문에 자연스럽게 부모님과 떨어져 독립적인 생활을 시작하게 되고 졸업한 뒤 취직을 하게 되면 혼자 아파트를 얻어 사는 경우가 훨씬 많습니다.

개개인의 독립성을 중요시하는 문화적인 요소도 있지만 우리나라와는 근본적으로 다른 경제적 요소도 크게 작용을 합니다. 미국은 우리나라와 달리 전세가 없습니다. 집을 사기 전에는 모두 월세로 살죠. 따라서, 사랑하는 두 남녀가 생활비를 절약하기 위해 살림을 합치는 경우가 많이 생깁니다.

물론 돈을 절약하기 위해서만 동거를 하진 않겠죠. 미국에서는 이혼율이 50%에 다다르기 때문에 결혼의 확신을 얻기 위해 동거를 시작하는 커플도 많이 있습니다. 하지만 베스트셀러 <Ten Stupid Things Women Do to Mess Up Their Lives>의 저자이며 가족 상담 전문가인 Dr. Laura는 동거를 했던 커플이 결혼에 골인하는 확률은 아주 적다고 지적합니다.

함께 살다 보면 상대방의 나쁜 점들을 계속 발견하게 되는데 사랑과 믿음으로 결혼한 커플이 아니고 결혼의 확신을 얻기 위해 동

거를 하는 커플이라면 이로 인해 헤어질 확률이 훨씬 커진다는 것이죠. 만약 우리나라의 사회적 또는 경제적인 환경이 미국과 비슷해진다고 해도 사랑의 결실을 결혼으로 맺고 싶다면 동거는 하지 않는 것이 좋겠죠.

영화 속 표현 탐구

to hang by a thread (to hang by a hair) 위기에 처해 있다

My marriage is hanging by a thread. 내 결혼 생활이 위기에 처해 있다.

to go up in smoke 연기처럼 사라지다; 수포로 돌아가다

Our plans to get married this summer went up in smoke.

이번 여름에 결혼하려던 계획이 수포로 돌아갔다.

to own up to ~ ~을 인정하다; 자백하다

He never owns up to his mistakes. 그는 절대 자신의 실수를 인정하지 않는다.

to have something in common 공통점이 있다

She and I have a lot in common. 그녀와 나 사이에는 공통점이 많다.

Rule

3

모음으로 시작하는

단어는 전 단어의 끝 자음과

연음을 해서 읽는다.

Rule 2의 진가는 연음에서 나타납니다. happy, step, walking을 '해삐, 스 뗍, 와낑'이 아니고 '해피, 스텝, 와킹'으로 발음한다고 해서 못 알아듣는 원어민 은 없습니다. 하지만 pick up을 '픽업'으로 발음하면 못 알아듣죠. 왜냐고요? '픽업'이 '피겁'으로 연음되어 원어민에게는 pig up으로 들리기 때문입니다.

그럼 원어민은 pick up을 어떻게 발음할까요? pick의 마지막 소리인 /k/는 강세가 있는 음절의 첫 음이 아니므로 'ㄲ'로 발음하겠죠. 그리고 up과 연음을 하여 '껍'으로 발음을 합니다. '피겁'이 아닌 '피껍'으로 발음을 하죠. 그럼 ① pop up과 ② pop art는 어떻게 발음이 될까요?

① pop‿up
   파   뻡

② pop‿art
   파   빨(r)트

'팝업'과 '팝아트'로 발음을 하면 연음이 되어 원어민이 알아들을 수 없는 '파법'과 '파바트'가 됩니다. pop의 두 번째 'p'는 'ㅃ'로 발음하여 '파 뻡'과 '파 빨(r)트'로 발음해야겠죠.

연음은 동사의 시제를 구별하는 데에도 중요한 역할을 합니다. ③에서는 /k/ 가 연음이 되어 '낀'으로 발음되고 ④에서는 /t/가 연음이 되어 '띤'으로 발음됩 니다.

③ You can check‿in at 3 o'clock.
           쳌   낀

④ I already checked‿in yesterday.
               쳌   띤

MP3 듣기

1. ⓐ pop up   ⓑ pop art

2. ⓐ step up   ⓑ shook up

3. ⓐ stop it   ⓑ stopped it

4. ⓐ pick up   ⓑ picked up

5. ⓐ look at   ⓑ looked at

6. ⓐ You can check‿in at 3 o'clock.

   ⓑ I already checked‿in yesterday.

7. ⓐ I need to go pick‿up my mom.

   ⓑ I already picked‿up my sister.

8. ⓐ Can you take‿a look‿at this?

   ⓑ I took‿a look‿already.

9. ⓐ I don't want to talk‿about my problem.

   ⓑ We talked‿about that already.

10. ⓐ OK, I'll look‿into it. → to look into ~을 조사하다

    ⓑ I looked‿into it to see if there was anything strange.

The Holiday

카메론 디아즈 · 케이트 윈슬렛 · 쥬드 로 · 잭 블랙

로맨틱 홀리데이
the Holiday

《사랑할때 버려야할 아까운 것들》의 낸시 마이어스 감독

이것만은
확실히!

Ⓐ Well, like⌣I said, Most Interesting Girl Award.
　　　　ⓛ라이 까이

Ⓑ I think⌣you should get dressed, we should
　　ⓛ아 ⒠띵　꾸　　　　　　　ⓑ주 ⒭퀘스트

take⌣a drive, get some lunch, and get to know
ⓛⓑ테이　　꺼 주 ⒭라이 ⒱브

each⌣other.

술에 취해 여동생 집에 찾아온 Graham은 뜻밖에 여동생 대신 L.A.에서 온 Amanda
를 만나게 됩니다. 남자 친구와 헤어진 후 크리스마스를 외딴곳에서 보내고 싶어 하는
Amanda와 영국의 작은 마을에 사는 Graham의 여동생이 잠시 집을 바꾸기로 한 것.
뜻밖의 상황에서 처음 만나 하룻밤을 같이 보낸 뒤 서로 쑥스러워하며 나누는 Graham
과 Amanda의 어색한 대화.

Graham	Well, I just want to be sure you are okay, because ⓢ줘스 somehow I find… I tend to hurt women simply by being ⓔsim쁠리 myself. So…
Amanda	I'm not going to fall‿in love with‿you, I promise. 위 ⑥뜌 ❶프(r)롸머스
Graham	OK. Nicely put. Thank‿you. ❷ⓔ땡 꾸
Amanda	No, it's just that‿I know myself. I'm not sure I even fall‿ ⓢⓢ줘스 ⓗ대 라이 in love. Not like the way other people do. How's that for ⑨ ❷피쁠 something to admit?
Graham	Well, like‿I said, Most Interesting Girl Award. ⓔ라이 까이
Amanda	I'm gonna try to see that as‿a compliment. ⓢⓔ❶추(r)롸이 르 ❷❶캄쁠러먼트
Graham	You should. Absolutely. ⑨앱설룻리

45

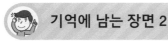

Graham과 하룻밤을 보내기 전 원래 계획보다 일찍 L.A.로 돌아가기로 했던 Amanda
가 마음을 바꿔 다시 Graham의 여동생 집으로 돌아오자 Graham이 Amanda에게 정
식으로 데이트를 신청하는 장면.

Graham　　I think we should go to town.
　　　　　　　　　　ㄹ

Amanda　　What do you mean?
　　　　　　　와　르　유

Graham　　I think‿you should get dressed, we should take‿a drive,
　　　　　아 (e)띵　뀨　　　　　　주(r)뤠스트　　　　테이　꺼 주(r)롸이(v)브

　　　　　get some lunch, and get to know each‿other.

Amanda　　Really? Why?

Graham　　Because I'm running out‿of reasons why we shouldn't.
　　　　　　　　　　　　　　아　러

　　　　　Aren't you?

1   *Graham*   염려가 돼서 해 본 말이에요. 이상하게 저는 저도 모르게 여자에게 상처를 잘
                    주거든요.

    Amanda   당신을 사랑하지 않을게요. 약속해요.

    Graham   네, 말씀 잘 하셨네요. 감사합니다.

    Amanda   아뇨, 그냥 단지 전 제 자신을 잘 알아요. 전 사랑에 빠지지 않는 것 같거든요.
                    다른 사람들이 하는 것처럼. 더 이상 솔직할 수가 없겠죠?

    Graham   제가 말한 대로 당신은 정말 독특한 여자요.

    Amanda   칭찬으로 받아들일게요.

    Graham   그래야죠, 당연히!

2   *Graham*   시내에 가는 게 좋을 것 같아요.

    Amanda   무슨 말씀이세요?

    Graham   쫙 빼입고 시내에 가서 점심도 먹고 이야기도 나누자고요.

    Amanda   네? 왜 그래야 하죠?

    Graham   그래선 안 될 이유가 없으니까! 안 그래요?

Nicely put.은 That was nicely put(= stated).을 줄인 말로 "말씀 잘 하셨네요.", "적절한 표현입니다."로 해석될 수 있습니다. Amanda가 Graham에게 나는 당신과 사랑에 빠지지 않을 것이라고 약속하자 Graham이 빈정대며 반어적으로(sarcastically) 대답한 것이죠. 이렇게 영어에는 한국어와 달리 반어적으로 쓰이는 표현이 많습니다. (특히 영국인들이 미국인들보다 sarcastic한 표현을 더 많이 사용한다는 평이 있습니다.)

대표적인 예는 Great!이죠. Great!을 기쁘게 말하면 "아주 좋아!"라는 뜻이 되지만 아침에 커피를 들고 가다가 지나가는 사람과 부딪쳐 흰 셔츠에 커피를 쏟아도 Oh, great!이라고 말합니다. 물론 억양이 기쁠 때처럼 올라가지 않고 씁쓸하게 가라앉겠죠.

to fall in love with ~ **~와 사랑에 빠지다**

예 I fell in love with her. 그녀와 사랑에 빠져 버렸어.

to run out of ~ **~을 다 써버리다**

예 I ran out of money. 돈을 다 써 버렸어.

영화 속 Rule 실전 적용 2

50 First Dates

이것만은
확실히!

○ I was just asking more for informational purposes to
　　　❷쥐스　　때스낑　　　　　　　　　　　❷❶펄(r)뻐Si(z)즈

keep the video as up-to-date as possible.
　　　❻(v)비리오　　　❻데이　레(z)즈 ❶파써블

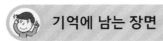 다음날이 되면 그 전날의 기억이 사라지는 기억상실증을 가지고 있는 Lucy가 사랑하는 Henry의 기억을 간직하기 위해 Henry에 대한 비디오를 찍는 장면.

Henry What do you wanna know?
⑥❶와 르 유   워너   노우

Lucy Umm… do you love me? I didn't mean to put you on the
⑥아 린   프   츄

spot or anything. I was just asking more for informational
❷스빳   ❷줘스   때스낑

purposes to keep the video as up-to-date as possible.
❷❶펄(r)쁘si(z)즈   ⑥(v)비리오   ⑥데이 레(z)즈 ❶파써블

Henry Sure. Well, love is a very loaded word. Let's see… I… I
러   (v)비 (z)저   ⑥로우릿

go to this restaurant every morning, and I see you there,
⑥❶고우 르

reading. And… I love you very much. Probably more
⑥(r)뤼링

than anybody could love another person.
⑥에니바리
(Lucy kisses Henry.)

Henry Feeling better now?
⑥베럴(r)

Lucy Nothing beats a first kiss.
⑥(f)펄(r)스 키스

Henry   You erased me from your memories because you
                                        비커   ʒuː

thought you were holding me back from having a full

and happy life. But you made a mistake. Being with
         ⑤해삐 ⑤①②버 츄 메이 러 머스떼익

you is the only way I could have a full and happy
                                          ⑤해삐

life. You are the girl of my dreams, and apparently I'm
                     ⑦⑧어 마이 주(r)림(z)즈

the man of yours.

→ Henry와 헤어지고 난 후 Lucy는 계속해서 Henry에 대한 꿈을 꾸고 Henry의 모습을 상상하며 그림을 그립니다. 자신을 그린 수십 장의 그림을 보고 Henry가 하는 말, You are the girl of my dreams, and apparently I'm the man of yours(= your dreams). "당신은 나의 꿈같은 여자이고, (이 그림들을) 보아하니 당신 꿈의 남자는 나군요.

어느 누군가를 만나 사랑을 하기 시작하면 처음에는 내가 좋아하는 사람이 나를 좋아해 준다는 것 하나만으로 기쁘고 감사하게 느껴집니다. 하지만 차츰 사랑이 깊어질수록 상대방에게 원하는 것이 많아지고 나를 좋아해 줘서 고마웠던 감정이 나만을 생각해 주지 않는다는 질투심과 섭섭함으로 바뀌기도 하죠. 매일 다른 상황에서 Lucy가 다시 자기를 사랑하게 해야 하는 Henry처럼 '이 사람이 만약 다른 상황에서 다른 나와 처음 만났더라도 나를 사랑해 줄까?'라는 의문이 들기도 합니다.

누구나 사랑하는 사람 앞에서는 자신감이 없어지고 한없이 초라해지고 맙니다. 상대방이 행복하려면 그를 놓아주는 것이 진정한 사랑이라는 생각에 Lucy가 Henry에게 했던 것처럼 이별을 선언하기도 하죠. 이런 사랑을 우리는 왜 자꾸 하는 걸까요?

Henry	무엇을 알고 싶어요?
Lucy	음… 날 사랑하나요? 당신을 곤란하게 하려고 한 말은 아니에요. 단지 정보 수집을 위해서니까. 오늘의 영상기록에 남기려고요.
Henry	사랑이란 말은 많은 걸 품고 있죠. 어디 보자… 아침마다 이 식당에서 책을 읽고 있는 당신을 봐요… 그리고… 매일 사랑에 빠지죠. 이 세상 누구보다 당신을 사랑해요. (Lucy가 Henry에게 키스를 한다.)
Henry	이제 기분이 좀 나아졌어요?
Lucy	첫 키스보다 더 좋은 건 없죠.

················ 기억해 두고 싶은 대사

Henry   당신은 당신이 나를 불행하게 만든다고 생각해서 나를 기억에서 완전히 지워 버리려고 했죠. 하지만 그건 실수였어요. 나를 행복으로 채워 줄 수 있는 사람, 그 사람은 당신뿐이니까. 난 영원히 당신 남자예요.

영화 속 표현 탐구

to put someone on the spot ~를 곤란하게 만들다

⑩ Stop putting me on the spot, please! 제발 그만 좀 날 곤란하게 해!

to hit the spot 더할 나위 없이 좋다

⑩ That hit the spot! = That was perfect!

영화 〈Pulp Fiction〉에서 John Travolta와 2인조 청부 살인자로 나오는 Samuel Jackson이 누군가를 죽이기 바로 직전 긴장이 고조된 상황에서 햄버거를 한 입 베어 먹고 콜라를 빨대로 길게 쭉 들이킨 후 하는 말.

Rule

4

자음으로 끝나는 단어 뒤에

y로 시작되는 단어가 오면

두 소리를 합쳐 발음한다.

'y'는 자음으로 분류되지만 모음 같은 성격을 많이 갖고 있어 반모음으로 불리기도 합니다. 그래서 Rule 3에서 배운 자음과 모음 사이의 연음과 같은 현상이 일어나죠. ①에서는 'f'와 you가 합쳐져 few처럼 발음되고 ②에서는 'v'와 you가 합쳐져 view처럼 발음되고 ③에서는 'th'와 you가 합쳐져 Matthew의 둘째 음절처럼 발음됩니다.

①if‿you   ②love‿you   ③with‿you

그럼 ④에서 you는 어떻게 발음이 될까요? 's'와 합쳐져 '슈 /ʃuː/'가 되겠죠. '(아이) 미 슈'가 아닌 '미쓰 유'로 발음하면 Miss Yoo가 됩니다. ⑤와 ⑥에서는 't'와 'd'가 you와 합쳐져 각각 '츄 /tʃuː/'와 '쥬 /dʒuː/'가 됩니다.

④I miss‿you.
⑤I want nobody nobody but‿you! ♪♫
⑥I need‿you tonight. ♪♫

그럼 ⑦에서와 같이 /z/와 you가 합쳐지면 어떻게 될까요? 물론 /z/도 우리말에 있는 소리가 아니지만 'y'와 합쳐지면 우리말에 존재하지 않는 또 하나의 소리 /ʒ/로 변하게 됩니다.

⑦I don't wanna lose‿you.

/ʒuː/는 'd'와 you가 합쳐져서 생기는 '쥬 /dʒuː/'와 비슷하게 들릴지 모르나 엄연히 다른 소리입니다. /dʒ/와 /ʒ/의 차이를 간단히 설명하자면 /dʒ/는 /tʃ/의 유성음이고 /ʒ/는 /ʃ/의 유성음입니다. 이 네 소리의 공통점은 모두 입술을 살짝 오므리고 발음을 해야 한다는 것입니다.

미국 사람들은 대화를 하면서 Really?라는 표현을 자주 합니다. 우리말로

치면 "그래?" 정도의 뜻이지만 Korean American 들이 종종 서툰 한국어를 할 때 영어의 표현을 그대로 직역해서 하죠. 그래서 대화중에 자주 "권쫘야?"라고 물어봅니다. 입술을 오므리지 않고 발음하는 '지'나 '짜'는 영어에 없기 때문이죠. 네, 물론 LG도 '엘지'가 아니고 '엘쥐'로 발음을 해야 합니다. '지'라고 발음을 하면 원어민들에게는 'Z'인지 'G'인지 구분이 안 되기 때문이죠.

우리말에 없는 /z/와 /ʒ/의 딱 한 가지 다른 점은 /z/를 발음할 때는 입술을 오므리지 않고 /ʒ/를 발음할 때는 입술을 오므린다는 것입니다. /z/ 소리를 내다가 입술을 살짝 내밀면 혀가 저절로 뒤로 조금 움직이면서 /ʒ/ 소리가 나게 됩니다. /ʒ/가 들어간 단어로는 Asia, usual, pleasure, treasure, version, television 등이 있습니다.

Listen & Practice IV

MP3 듣기

1. ⓐ I miss‿you.

    ⓑ God bless‿you.

2. ⓐ I don't wanna lose‿you.

    ⓑ How old is‿your daughter?

3. ⓐ I don't want anyone but‿you.

    ⓑ I haven't met‿your parents yet.

4. ⓐ I need‿you tonight.

    ⓑ Did‿you call me last night?

5. ⓐ If‿your mom's not home, can I talk to your dad?

    ⓑ If‿you don't know me by now, you will never know

    me. ♪ ♫

6. ⓐ Have‿you ever seen her? ♪ ♫

    ⓑ Is this one of‿your books?

7. ⓐ I don't know what I'm gonna do with‿you.

    ⓑ You can do whatever you want with‿your money.

8. ⓐ Close‿your eyes so I can kiss‿you.

    ⓑ I want‿you to understand‿your problem.

    ⓒ If‿your boyfriend truly loves‿you, he'll stay

    with‿you.

영화 속 Rule 실전 적용 1

MP3 듣기

The Time Traveler's Wife

A Why did‿you let me invite all these people?
ⓖ와이 린 쥬

B I didn't want‿you to be alone.
ⓖ❶아린 원 츄르

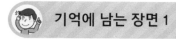 **기억에 남는 장면 1**

▶ *0:34:18*

시간 여행을 통해 나타난 Henry와 만나게 된 소녀 Clare는 Henry를 사랑하게 되고 어른이 된 후 Henry와 다시 만나게 됩니다. 오랫동안 자신을 기다려 준 Clare를 사랑하게 된 Henry가 Clare에게 청혼하는 장면.

Henry
I never <u>wanted</u> to have anything in my life <u>that</u>‿I couldn't
⑥워닛　　　　　　　　　　　　　⑤(ð)대 라이

stand losing. It's too late for that. It's not 'cause‿you're
②스땐

<u>beautiful</u> and smart and perfect. I don't <u>feel</u>‿alone
①⑥뷰러(f)펄　　　　　　　　　　⑥아 론

anymore. Will you marry me?

Clare
No... <u>I didn't</u> mean that. I just <u>wanted</u> to <u>try</u> it. I just
⑥아 린　　　　　　⑤⑧줘스　워닛　　⑧추(r)라이 ⑤⑧줘스

<u>wanted</u> to say it to assert my own <u>sense</u>‿of free will, but
워닛　　　　　　　　　　　　⑦쎈　서 (f)프(r)뤼

my free will wants‿you.

Henry
So what's the answer?

Clare
Yes, of course.

시간 여행을 통해 미래에 자신이 총에 맞아 죽는 광경을 목격한 Henry는 자신이 죽게 되는 날 Clare가 친구들과 함께 있을 수 있도록 지인들을 집으로 초대해 파티를 엽니다. 그가 곧 죽을 것을 알고 있는 Clare가 Henry에게 하는 말.

Clare	<u>Why did‿you</u> let me invite all these people? ⓔ와이 린 쥬
Henry	I didn't want‿you to be alone. ⓔ①아린 원 츄르

Clare	Hey, hey. I wouldn't <u>change‿anything</u>. I would not
	                                              췌인 **좨**니(ⓔ)띵
	
	give‿up one <u>second‿of‿*our</u> life together.
	                     ⓔⓔ쎄끄 너 (v)바(r)

*〈Bride Wars〉 '영화 속 발음 이야기' 참고(p. 73)

영화 대본 확인하기 ······ 기억에 남는 장면

I   Henry   잃는다는 것을 참을 수 없는 것은 한 번도 원해 본 적이 없는데. 이제는 너무 늦어 버렸어. 당신이 아름답고, 똑똑하고, 완벽해서가 아니라, 날 외롭지 않게 해 주거든. 나랑 결혼해 줄래?

     Clare   아니 안 하겠다는 게 아니라…. 그냥 다르게 해 보고 싶었어. 그냥 내 자유 의지대로 말해 보고 싶었어. 그런데 내 자유 의지가 당신을 원해.

     Henry   그래서 대답이 뭐야?

     Clare   물론 해야지.

2   Clare   왜 사람들을 다 초대하게 놔뒀어?

     Henry   당신 혼자만 있게 하지 않으려고.

     Clare   나는 아무것도 바꾸지 않을 거야. 우리 인생의 단 일 초라도 포기 못 해.

영화 속 문장 구조 배우기

Henry가 곧 죽을 것이라는 것을 알게 된 Clare가 Henry에게 마지막 작별인 사로 한 말 I wouldn't change anything.에서 조동사 wouldn't가 쓰인 이유는 무엇일까요? wouldn't 대신 won't를 사용하면 시제는 단순 미래가 됩니다. 우리말로는 I wouldn't change anything.과 I won't change anything. 모두 "아무것도 바꾸지 않을 것이다."로 번역이 되지만, I wouldn't change anything.은 다음과 같은 if절이 생략된 가정법 문장입니다.

- Even if I had known that you would die this soon, I wouldn't change anything.

  당신이 이렇게 빨리 죽을지 알았더라도 아무것도 바꾸지 않을 것이다.

사랑하는 사람이 곧 죽는다는 것을 알게 된다면 마지막으로 어떤 말을 해 주시 겠어요?

can't (couldn't) stand + 명사/동명사 ~을 참을 수/견딜 수 없다(없었다)

I can't stand her! 난 그 여자가 정말 싫어!

이근삼 씨의 희곡〈국물 있사옵니다〉는 '국물도 없다'라는 말을 반어적으로 표현한 제목입니다. '국물도 없다'처럼 왠지 모르게 주로 부정문에서만 사용되는 표현이 있습니다. '싸가지 / 재수'도 우스갯소리로 '싸가지 있다 / 재수 있다'라고 하기 전에는 항상 '싸가지 없다 / 재수 없다'로 부정문으로만 사용됩니다. stand도 '참다/견디다'의 뜻으로 사용될 때는 '~을 참을 수 없다'처럼 주로 부정문에서만 사용됩니다.

동사 budge '움직이다'도 마찬가지로 부정문에서만 사용됩니다. I asked him to move, but he didn't even budge.는 말이 돼도 *I asked him to move, so he budged.는 말이 되지 않습니다. 언어학에서는 이런 단어들을 NPI(negative polarity item)라고 합니다. 음극성 (negative polarity)을 가진 단어, 즉 '주로 부정문에 사용되는 단어'란 뜻이죠. NPI... 유명한 미드의 제목인 CSI와 비슷한 게 왠지 좀 있어 보이지 않나요??

to assert my own sense of free will

이 표현에서 will은 '의지'라는 뜻의 명사로 쓰였으므로 free will은 fate(운명)에 반대되는 '자유 의지, 자의'라는 뜻이 됩니다. assert는 '주장하다'라는 뜻의 동사이므로 to assert my own sense of free will은 '내 자유 의지를 주장하기 위해서'로 직역될 수 있겠죠.

He's Just Not That into You

○ I love‿you so much. So much. And I wanna make‿you
　　　　　　　　　　　　　　　　　　　　　　②메이　꾸

happy. I need to make‿you happy for me to even have‿a
②해삐　　　　　②메이　꾸 ②해삐　　　⑥①르

shot‿at being happy. Will… you… marry… me?
⑥샤　렛　　②해삐

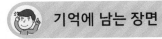

Neil과 오랫동안 동거를 해 온 Beth는 Neil과 결혼을 하여 가정을 꾸리고 싶어 하지만 Neil은 Beth를 진심으로 사랑함에도 불구하고 결혼이라는 개념 자체에 대한 부정적인 생각을 버리지 못합니다. 결혼을 회피하던 Neil이 Beth를 잃을 뻔한 위기를 넘기고 마침내 Beth에게 청혼하는 장면.

Neil　Amazing! I don't know how all *this stuff fit in here before.

Beth　I know! It seems like it just expanded.

(Beth finds the pants that she asked Neil to get rid of.)

You are not trying to get these back in here.

Neil　You're not getting rid of those pants.

Beth　We had a deal, mister. These are not staying.

Neil　You know what? You can store those horizontally. Very efficient.

Beth　Goodwill wouldn't even take these.

63

Neil   They <u>can</u> be pressed, <u>flattened</u>, you <u>can</u>… All right, fine!
❶큰   ❺(f)플**랫**은드   ❶큰

If‿you're gonna throw them out, <u>at least</u> check the
❺앹 **리**스트

pockets, all right? So <u>you don't</u> throw away some personal
❷파**껫**츠   ❺유   론

items…
❺❶**아**이럼(z)즈

Beth   (Beth checks one of the pockets and finds an engagement

ring.)

Neil   I love‿you so much. So much. And I wanna <u>make‿you</u>
❷**메**이   꾸

happy. I need to <u>make‿you</u> <u>happy</u> for me to even have‿a
❷**해**삐   ❷**메**이   꾸 ❷**해**삐   ❺❶르

<u>shot‿at</u> being <u>happy</u>. Will… you… marry… me?
❺샤   렛   ❷**해**삐

Beth   Yes! Of course, I will! Yes!

Neil	이럴 수가! 전에는 이 많은 게 어떻게 들어갔지?
Beth	짐이 많아졌나 봐. (Neil에게 그만 버리라고 부탁한 바지를 발견한다.) 설마 이 바지도 갖고 온 거야?
Neil	그 바지는 버리면 안 돼.
Beth	약속했잖아. 절대 안 돼.
Neil	가로로 잘 넣으면 될 텐데. 효율적으로.
Beth	이런 건 낡아서 남도 못 줘.
Neil	눌러서 부피를 줄이면 되는데… 알았어. 버리려면 최소한 주머니는 확인하고. 중요한 게 있을지도 모르니까.
Beth	(바지 주머니를 확인하다 약혼반지를 발견한다.)
Neil	당신을 너무나 사랑해. 너무나도. 그리고 당신을 행복하게 해 주고 싶어. 당신이 행복해야 나도 행복할 수 있거든. 나와 결혼해 주겠어?
Beth	당연하지, 하고 말고!

영화 속 발음 이야기

bus stop(정류장)처럼 두 단어가 같은 자음으로 끝나고 시작할 때는 한 단어로 붙여서 '버스땁'으로 발음합니다. gas station(주유소)의 s도 붙여서 '개스떼이션'으로 발음하죠. 아래 문장에서도 같은 원리를 이용해 this stuff fit은 s와 f를 붙여서 발음하면 됩니다.

• I don't know how all this stuff fit in here before.
　　　　　　　 ②ⓔ(ð)디　스떠　(f)피　린

- Goodwill wouldn't even take these.

이 문장에서 Goodwill은 '친선, 호의'의 뜻을 가진 보통 명사가 아니라 기부받은 헌 옷을 판매한 수익으로 어려운 사람들을 도와주는 비영리 단체의 이름입니다. Neil 의 바지가 공짜로 줘도 아무도 안 가질 만큼 낡았다는 뜻이죠.

I know!

동의나 공감을 나타낼 때 가장 많이 쓰는 표현입니다. 의역을 하자면 "맞아"가 됩니다. 예를 들면 Wow, it's really cold today!라는 말에 동의할 때 I know!라고 할 수 있겠죠. 직역을 하면 "와, 오늘 정말 춥다!"라고 하는데 "알아!"라고 대답을 하는 격입니다. 미국에서 태어나고 자란 Korean American들은 우리말을 할 때도 "맞아!" 대신 "알아!"라고 하더군요.

Rule

5

자음소리 3개가

뭉쳐 있을 때는

가운데 소리를 빼고 발음한다.

Rule 3와 Rule 4는 이 세상 모든 언어가 CV CV(C = consonant 자음, V = vowel 모음)의 음절 구조를 선호하기 때문에 발생하는 현상입니다. 영어도 마찬가지로 자음 하나당 모음 하나인 간결한 음절 구조를 선호하죠. 그런데 자음이 두 개도 아니고 세 개가 함께 뭉쳐 있으면 어떻게 발음해야 할까요? ① 에서 처럼 가운데 자음을 미련 없이 버립니다.

① Merry Christmas!

Christmas를 '크리스트마스'로 발음하는 사람은 없습니다. 'stm'처럼 세 자음이 몰려 있을 때는 가운데 자음인 't'를 빼고 발음하기 때문이죠. ② exactly의 'ctl'도 마찬가지로 가운데 't'를 빼고 발음합니다. 그래서 마지막이 '틀리'가 아닌 '끌리'로 발음되죠.

② exactly
익(z)잭끌리

③ asked
애스트

③ asked의 발음도 /æskt/의 가운데 자음인 /k/를 빼고 /æst/로 발음을 합니다. 그럼 ④ *50 First Dates* is a must-see movie!의 First Dates와 must-see는 어떻게 발음이 될까요?

④ *50 First Dates* is a must-see movie!
(f)펄스   데이츠   머 *si:
*〈New in Town〉 '영화 속 발음 이야기' 참고(p.153)

First Dates에서는 가운데 't'를 빼고 발음하고, must-see에서는 가운데 't'를 뺀 뒤 두 's'는 연음을 하여 하나의 's'만 발음하면 됩니다.

MP3 듣기

1. ⓐ exactly   ⓑ correctly

2. ⓐ strictly   ⓑ directly

3. ⓐ risked   ⓑ frisked

4. ⓐ West Side   ⓑ best friend

5. ⓐ desktop   ⓑ last name

6. ⓐ first lady   ⓑ next week

7. ⓐ Why don't you ask him directly?

    ⓑ What exactly did you have in mind?

8. ⓐ I risked my life for you!

    ⓑ I got frisked already. ➡ to frisk 몸을 더듬어 소지품을 검사하다

9. ⓐ What are you doing for Christmas?

    ⓑ My desktop computer is acting up again.

    ➡ to act up 제 멋대로 행동하다

10. ⓐ What is your best friend's last name?

    ⓑ *50 First Dates* is a must-see movie!

영화 속 Rule 실전 적용 1

MP3 듣기

Bride Wars

케이트 허드슨   앤 해서웨이

눈 깔어!
@#$%~

신부들의
전쟁

4월 2일 대개봉

이것만은
확실히!

And if‿I'm 99 years‿old and we're doing exactly this‿
　　　　　　　　　　　　　　　　　　ㅎㄹ익(z)잭끌리

in‿our home — TV, eating Chinese food — that will be
　　　　　　　　ㅎ이링

good‿enough for me.
ㅎ그　　리너(f)프

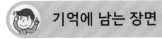
 자신의 단짝 친구가 먼저 청혼을 받을 것이라 생각하고 있던 Emma가 동거 중인 남친 Fletcher로부터 fortune cookie 속 약혼반지와 함께 청혼받는 장면.

Emma Hey, babe? I don't think they sent us any fortune
ⓔ아 론   ⓑ쎄   너   쎄니

cookies.
ⓔ크끼(z)ㅈ

Fletcher No, they sent them. I got them right here.

Emma Oh, good. OK. Here we are.

Fletcher Oh, that one's mine. Please?
ⓖ

Emma You're really calling dibs on fortune cookies, now?
ⓔ크끼(z)ㅈ

Fletcher Yup.

Emma OK, I mean it's fine. But if your fortune's better than
ⓔ버 리 (f)표얼(r)   ⓔ베럴(r)

mine, I'm claiming it. Just so you know.
ⓔ줘(스) 쏘

Fletcher I don't think it will be.
ⓔ아 론

Emma OK, are you ready? One.
ⓔ(r)뤠리

Fletcher   Two.

Emma   Three.

(Emma finds a diamond ring in her fortune cookie.)

What's this?

Fletcher   I put‿a‿lot‿of thoughts‿into where I was gonna do this.
⑥⑦프 럴   라   러

And I wanna do it here. This‿is *our home. And if‿I'm 99

years‿old and we're doing exactly this‿in‿our home —
⑥②익(z)재끌리

TV, eating Chinese food — that will be good‿enough for
⑥이링   ⑥그   리너(f)프

me. So, Emma Allan, will you marry me?

Emma   Yes! Yes!

Emma	자기야, 행운의 쿠키를 준 것 같지 않은데?
Fletcher	아냐. 줬어. 여기에 있잖아.
Emma	아, 잘됐다. 좋아, 빨리 보자.
Fletcher	어, 그건 내 거야.
Emma	이젠 행운의 쿠키도 네 것 내 것 따지기로 한 거야?
Fletcher	응.
Emma	그래 알았어. 근데 만약 자기 운수가 더 좋게 나오면 내가 가질 거야. 알고나 있으라고.
Fletcher	그럴 일은 없을 거야.
Emma	좋아, 준비됐어? 하나.
Fletcher	둘.
Emma	셋. (행운의 쿠키에서 다이아몬드 반지를 발견한다.) 이게 뭐야?
Fletcher	어디서 프러포즈할까 많이 생각했었는데 여기서 해야겠더라고. 우리 집이잖아. 내가 99살이 되어도 지금처럼 함께 TV 보고 중국 음식을 먹을 수 있다면 난 그걸로 충분해. Emma Allen, 결혼해 줄래?
Emma	응! 응!

대명사 our와 발음이 똑같은 것은 명사 hour일까요, 아니면 알파벳 R일까요? 사전에는 our와 hour의 발음이 같다고 나와 있습니다. 하지만 대명사인 our 는 기능어이기 때문에 거의 모든 문장에서 강세를 받지 않습니다.(Rule 1 참고) 따라서 강세가 없는 our는 알파벳 R처럼 발음됩니다.

그럼 This⌣is⌣our home.은 어떻게 발음이 될까요? This와 is가 연음이 되고 또 is와 our가 연음이 되어 'Thi si zar home'처럼 발음되겠죠.

한국과 미국의 결혼 문화에는 여러 차이점이 있습니다. 우선 미국 결혼식에 는 항상 신랑, 신부 옆에 들러리들이 서 있습니다. 신랑, 신부 각각 적게는 3명 에서 많게는 7명까지 들러리를 세우죠. 신랑, 신부 바로 옆에 서 있는 들러리 들은 각각 best man과 maid of honor라고 부르고 나머지는 groomsman과 bridesmaid라고 합니다. 남자 들러리들에게는 tuxedo를, 여자 들러리들에게 는 dress를 대여해 주어야 하는데 비용이 만만치 않아 3명에서 5명의 들러리 가 보통입니다.

또 하나의 다른 결혼 문화는 미국에서는 남자가 여자에게 청혼을 하면서 다이아몬드 반지를 준다는 것이죠. <He's Just Not That into You>에 서 Beth와 Neil의 대화나 <Bride Wars>에서 Emma와 Fletcher의 대 화 모두 남자 친구가 여자 친구에 게 프러포즈를 하는 장면입니 다. Fortune cookie 안에

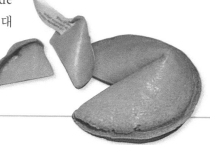

든 다이아몬드 반지를 발견하는 것처럼 전혀 예상하지 못했던 상황에서 남자 친구로부터 로맨틱한 고백과 함께 청혼을 받는 것이 미국 여자들의 평생 로망이라고 해도 과언이 아니죠.

미국에서는 음식을 배달(delivery)시키면 수고비(tip)를 주어야 하고 인건비가 비싸 배달을 시켜 먹을 수 있는 음식이 그렇게 많지 않습니다. 그래서 delivery보다는 음식을 직접 사가지고 집에서 먹는 take-out이 더 흔하죠. take-out 음식 중 가장 인기 있는 음식이 중국 음식입니다. 중국 음식을 시키면 항상 fortune cookie를 주죠. fortune cookie를 반으로 쪼개면 그날의 운세가 적혀 있는 종이가 나옵니다. 그런데 Fletcher는 어떻게 이 fortune cookie 안에 다이아몬드 반지를 넣었을까요?!

영화 속 표현 탐구

to call dibs on something

dibs는 구어로 '소유권'이라는 뜻입니다. 주로 I got (or have) dibs on that. "그건 내 거야." 처럼 got이나 have와 함께 쓰입니다. to call dibs는 '내 것이라고 말하다'로 해석될 수 있겠죠. Emma가 diamond ring이 들어 있지 않은 fortune cookie를 집는 것을 보고 Fletcher 가 That one's mine.이라고 말하자 Emma가 You're calling dibs on fortune cookies, now? "이제는 행운의 쿠키도 네 것 내 것 따져?"라고 말한 것이죠.

영화 속 Rule 실전 적용 2

Love Happens

Aaron Eckhart   Jennifer Aniston

Sometimes when you least expect it...

Love
Happens

If‿you had‿a brain‿in‿either head, you'd know
　　　　　　　　　　ⓗ해 　러

that‿I'm doing what's best for both‿of‿us.
ⓣ(ð)대　람　　　　　　　ⓢ베스　　　보우　(θ)떠 (v)버스

기억에 남는 장면 1

▶ 0:54:20

Eloise는 '행복 전도사' Burke와 첫 데이트를 한 뒤 자신의 꽃 가게에서 콧노래를 부르 며 일을 합니다. 이 광경을 본 친구 Marty와 Eloise의 대화.

Marty   Is this the <u>international sign⌣of</u> "got laid"?
⑧이널(r)내셔널   ⑦싸이   너   ⑨

Eloise   We're not <u>dating</u>. We <u>just met</u>. <u>I like⌣him</u>. We're <u>just</u>
⑨⑥데이링   ⑤쥬스 멧   알 라이 ⑧⑦❶껌   ⑤쥬스

<u>hanging</u> out.
행잉

기억에 남는 장면 2

▶ 1:43:00

세상을 떠난 부인을 잊지 못하고 외롭게 지내던 Burke가 Eloise의 도움으로 과거의 상 처에서 벗어난 뒤 마침내 Eloise에게 사랑을 고백하는 장면.

Burke   You spent the <u>last few</u> days <u>getting</u> to know the part
⑨   ⑤래스 (f)퓨   ⑥게링

of me that wasn't really available. So I was wondering,

<u>if⌣I</u> haven't <u>screwed⌣up</u> so bad, <u>if⌣you</u> would be
⑧⑥스끄(r)루 럽

<u>interested⌣in getting</u> to know the <u>part⌣of me that⌣is</u>.
⑧⑧⑥인츄(r)뤄스띠 린 ⑥게링   ⑥⑦파(r) 러 미 (ð)대 리(z)즈

77

Eloise   If you had a brain in either head, you'd know
            ⓔ해 러

           that I'm doing what's best for both of us.
            ⓔⓥ대 람   ⓔ베스   보우 ⓔ떠 ⓥ버스

→ If you had a brain in either head를 직역하면 "양쪽 머리에 뇌가 하나라도 있다면"이 되겠죠.
  의역을 하자면 "아주 멍청하지 않다면"입니다. had와 you'd 대신 have나 you'll을 쓴다면 상대
  방이 듣기에 정말 기분 나쁜 말이 되겠죠.(〈The Proposal〉 p.127 참고.) 재미있는 것은 〈Love
  Happens〉를 좋지 않게 평가하는 평론가들이 이 대사를 인용하면서 이 영화는 볼 필요가 없다고
  하더군요.

Burke   Funerals are important rituals. They're not only
                                          ⓢ   ⓔ나 론리

           recognition that a person has died; they're
            ②⑺뤠껃니션 ⓔⓥ대 러

           recognition that a person has lived.
            ②⑺뤠껃니션 ⓔⓥ대 러

→ "장례식은 이 세상을 떠난 사람이 우리와 함께 있었다는 것을 인정하는 중요한 의식이다." 진정한
  self-help guru '행복 전도사'에게서 나올 법한 아주 멋있는 말입니다. 하지만 정작 Burke 자신
  은 부인의 장례식에 가지 못했죠. 물론 우리는 이런 Burke를 이중인격자라고 비난할 수도 있습
  니다. 하지만 이런 심오한 말은 Burke 자신이 부인의 장례식에 차마 가지 못했던 상처가 있었기
  때문에 할 수 있었던 말이라고 생각합니다.

영화 대본
확인하기 ······· 기억에 남는 장면

	Marty	어제 그 남자와 좋은 일 있었지?
	Eloise	우린 데이트하는 거 아냐. 이제 막 만났는데 뭘. 그 사람 좋아는 하지. 그냥 같이 노는 거야.
2	Burke	당신은 지난 며칠간 나의 좋지 않은 모습을 보았습니다. 그래서 만약 내가 아직 큰 실수를 하지 않았다면 나의 좋은 부분을 알아가고 싶은지 궁금합니다.

················ 기억해 두고 싶은 대사

| | Eloise | 아주 멍청하지 않다면, 내가 우리 둘 모두에게 가장 좋은 일을 하고 있다는 것을 알겠지. |
| 2 | Burke | 장례식은 중요한 의식입니다. 사람이 죽었다는 것을 인정하는 의식에 그치지 않고 그 사람이 우리와 함께 있었다는 것을 인정하는 의식이기 때문이죠. |

Can you open the window?보다 Could you open the window?가 더 공손한 표현이 되는 이유는 과거시제가 청자에게 심리적인 공간을 제공해 주기 때문이라고 합니다. 단순 과거형보다 더 공손한 시제는 과거 진행형입니다. 언젠가는 끝날 상황이라는 것을 내포하는 진행형을 씀으로써 듣는 사람의 심적 부담을 덜어 주는 것이죠.

친구에게 차를 빌려 달라고 부탁할 때 ⓐLet me borrow your car.라고 할 수 있겠지만 좀 더 공손한 표현을 사용하는 것이 좋겠죠. 공손하게 부탁을 할 때 가장 많이 쓰이는 표현 중 하나가 ⓑI wonder if입니다.

> ⓐ Let me borrow your car.
> ⓑ I wonder if you could let me borrow your car.

하지만 wonder 대신 진행형을 써서 ⓒI'm wondering if라고 하면 더 공손한 표현이 되고 과거 진행형을 써서 ⓓI was wondering if로 하면 더더욱 공손한 표현이 됩니다.

> ⓒ I'm wondering if you could let me borrow your car.
> ⓓ I was wondering if you could let me borrow your car.

Burke가 Eloise에게 사랑을 고백하는 장면에서도 가장 공손한 표현인 과거 진행형을 사용해 I was wondering if you would be interested in getting to know the part of me that is (available).이라고 말하죠. 사랑 앞에서는 모두가 겸손해지기 마련인가 봅니다.

to get laid

laid는 타동사 lay '놓다/눕히다'의 과거분사입니다. 수동태
인 get laid를 직역하면 '눕혀지다'라는 뜻이 되고 속어로
는 '남녀가 잠자리를 갖다'라는 의미가 됩니다. Is this the

international sign of "got laid"?는 미국에서 유명한 우유 광고 "got milk?"를 패러디
(parody)한 것입니다.

to screw up 망치다

⊙ I really screwed up this time! "이번에는 진짜 망쳤다!"

Rule

6

모음 사이에 오고

강세가 없는 /t, d/는

'ㄹ'로 발음한다.

미국 영어 발음과 영국 영어 발음의 가장 큰 차이점 중 하나는 미국 영어에서는 't'와 'd'를 모음 사이에서 똑같이 'ㄹ'로 발음한다는 것입니다. 그래서 ① writer와 rider를, ② atom과 Adam을 똑같이 발음합니다.

① writer = rider
(r)롸이럴(r)

② atom = Adam
애럼

atom과 Adam 모두 강세가 첫음절에 있으므로 두 번째 음절의 모음은 '어'로 발음됩니다(Rule 1 참고). 그럼 왜 ③ city와 ④ CD는 두 번째 음절의 발음이 같지 않을까요? 강세의 위치가 다르기 때문입니다.

③ city
리

④ CD
디

③ city에서는 강세가 첫음절에 있으므로 't'가 'ㄹ'로 변해 '리'로 발음됩니다. 하지만 ④ CD와 같은 생략형(abbreviation)은 마지막 알파벳에 강세가 오므로 'D'가 'ㄹ'로 바뀌지 않고 '디'로 발음됩니다.

혹시 미국인과 대화 중 80이나 18과 같은 숫자의 발음 때문에 고생한 경험이 있나요?

⑤ eighty
리

⑥ eighteen
틴

⑤ eighty를 '에이티'로 발음했을 때 미국인이 ⑥ eighteen으로 잘못 알아듣는 이유는 teen으로 끝나는 숫자는 teen에 강세가 있어 마지막 음절이 '틴'으로 발음되지만, ty로 끝나는 숫자는 첫음절에 강세가 있어 ty가 '리'로 발음되기 때문입니다(p. 153 #2 참고).

Rule 6는 단어와 단어 사이에서도 적용됩니다. ⑦ Not at all!을 '낟앤올'로 발음하려고 하면 연음이 되어 '나대돌'이라는 원어민이 알아들을 수 없는 발음이 되고 맙니다.

⑦ Not ‿ at ‿ all!
　 나　래　럴

⑧ I don't know.
　 아　론　노우

⑧ I don't know.에서도 don't가 '돈트'가 아닌 '론'으로 발음됩니다. 자연스럽게 '아론노우'라고 발음하면 되는 것을 '아이돈노'라고 하면 저렴한(?) 영어 실력이 금방 탄로 나고 말죠.

또, what do you와 what are you가 일상 대화에서는 똑같이 '와르유'로 발음된다는 것도 알아두면 훨씬 자연스러운 발음으로 영어를 구사할 수 있습니다.

⑨ What ‿ do you do for a living?
　 와　　　르　유

⑩ What ‿ are you doing?
　 와　　　르　유

깜짝
퀴즈 2

What did the bus driver say to the egg?

정답: Get on! '게걸나!'

MP3 듣기

1. ⓐ writer = rider   ⓑ Adam = atom

2. ⓐ city   ⓑ CD

3. ⓐ twenty   ⓑ thirty

   ⓒ forty   ⓓ fifty

   ⓔ sixty   ⓕ seventy

   ⓖ eighty   ⓗ ninety

4. ⓐ photo   ⓑ auto

5. ⓐ computer   ⓑ battery

6. ⓐ Eddy   ⓑ wedding

7. ⓐ study   ⓑ studio

8. ⓐ Not at all!   ⓑ I gotta go.

9. ⓐ I don't know.   ⓑ I didn't do that.

10. ⓐ What do you do for a living?   ⓑ What are you doing?

영화 속 Rule 실전 적용 1

MP3 듣기

Marley & Me

이것만은
확실히!

A   Say, "Hi!" See, honey? He's not <u>eating</u> the baby.
                                         ⓔ이링

B   This‿is gonna be even <u>better</u> than the <u>puppy</u>.
                         ⓔ베럴(r)   ⓔ퍼비

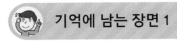

애완견을 키우며 평범한 나날을 보내던 John과 Jennifer는 아이를 낳고 더 큰 가정을 꾸리기로 합니다. 기다리던 첫 아들 Patrick이 무사히 태어난 후 John과 Jennifer가 애완견 Marley에게 갓난아기 Patrick을 처음으로 소개해 주는 장면.

John   (To Marley) Here's the thing. In‿about two minutes, we're
이   너**바**웃

gonna bring home the baby, and you'd be doing me a

really big favor if‿you didn't freak‿out. And I'm gonna
②(f)프(r)뤼   까웃

try to do the same.
③⑥❶추(r)롸이 르

(John goes into the house.)

Are you ready?
⑤(r)뤠리

Jennifer   I'm ready. Yes. (to Marley) Hi, come here. Oh, hi, baby. Oh,
⑤(r)뤠리

hi, sweetie. Hi, Marley. Come here. OK?
⑥스위리

(Marley jumps onto the table where Patrick is sleeping.)

John   Oh, oh, oh, it would be a bummer if‿you ate the baby.

Jennifer   Marley, this‿is Patrick.
⑧패추(r)릭

| John | Not to be <u>confused</u> with‿a chew toy, although it may |

❶큰⒡퓨⑵즈드

look like one.

| John | Say, "Hi!" See, honey? He's not <u>eating</u> the baby. |

❻이링

▶ 1:43:00

기억에 남는 장면 2

John의 미혼 친구 Sebastian이 공원에서 마음에 드는 여자를 보고 John의 아기를 미끼로 여자에게 접근하려고 하는 장면.

| Sebastian | Oh, wait, there she is. |

| John | Where? Who? |

| Sebastian | Give me the kid. |

| John | No, no, no, no, I can't be a <u>party</u> to this. That's shameless. |

ⓨ ❻❶파⒭리 르

| Sebastian | This‿is gonna be even <u>better</u> than the <u>puppy</u>. |

❻베럴⒭   ❷퍼삐

| John | No, not my son! |

ⓨ

1   *John*   (Marley에게) 잘 들어. 이제 곧 아기를 집으로 데려올 건데, 아기 보고 놀라거
                 나 흥분하지 않길 바랄게. 나도 안 그러려고 노력할 거거든. (John이 집으로 들
                 어간다.) 준비됐어?

     Jennifer   응, 난 됐어. (Marley에게) 안녕! 이리 와, Marley야. (Patrick이 자고 있는 식
                 탁으로 Marley가 올라간다.)

     John   아기를 잡아먹으면 큰일 나지.

     Jennifer   Marley, Patrick이야.

     John   인형같이 보여도 씹는 장난감과 헷갈리면 안 돼.

     Jennifer   인사해, Marley. 봐, 자기야. Marley는 아기 안 물어.

2   *Sebastian*   잠깐, 저 여자!

     John   어디? 누구?

     Sebastian   빨리 애 줘 봐.

     John   아냐, 아냐, 안 돼. 나까지 끌고 들어가지 마. 이건 정말 파렴치한 짓이야.

     Sebastion   강아지보다 훨씬 더 잘 꼬셔질 거야.

     John   안 돼, 내 아들로 그러지 마!

<Sex and the City>의 배경인 New York City에는 미혼 남녀가 많이 살고 있습니다. New York City처럼 각박한 대도시에서 새로운 사람을 만난다는 것이 결코 쉬운 일이 아니죠. 이런 New York City에서 미혼 남녀가 가장 자연스럽게 만남을 시작하는 방법은 애완견과 함께 산책을 하는 것입니다. 개를 데리고 나온 남녀가 만나면 서로의 개에 대해 이야기하기도 하고 개를 데리고 오지 않은 사람도 개 주인에게 개에 대해 이것저것 물어보다 보면 자연스레 만남이 이루어지기 때문이죠.

그런데 애완견보다 더 좋은 건 아기입니다. 모르는 사람들에게 웃으며 자연스럽게 Hello! How you doin'?이라고 말을 건네는 문화에 젖어 있는 미국인들은 아기를 태운 유모차를 끌고 산책을 나온 사람을 보면 저절로 Oh, s/he's so cute! How old is s/he?라며 다정하게 말을 건네죠.

특히 남자가 유모차를 밀며 산책을 하고 있노라면 미혼 여성들이 아기 아빠인 줄 알고 경계심을 낮추고 곧바로 말을 걸어 줍니다. 이것을 노린 John의 친구 Sebastian이 John의 아기가 타고 있는 유모차를 끌고 This is gonna be even better than the puppy.라고 말하며 맘에 드는 여자에게 다가간 것이죠.

이 문장에서 the puppy는 물론 영화의 주인공으로 나오는 개 Marley입니다. John 대신 Marley를 돌봐 주었을 때 Marley를 이용해서 벌써 여러 명의 여자에게 접근을 했었다는 의미가 담겨 있는 대사입니다.

영화 속 표현 탐구

freak out

freak out은 '(환각제를 먹은 것 같이) 이상하게 되다, 이상한 행동을 하다'라는 뜻이지만 '기절할 만큼 깜짝 놀라다'라는 뜻으로도 자주 쓰이는 표현입니다. 그리고 freak가 명사로 쓰일 때는 '이상한 사람, 괴물'이라는 뜻이 됩니다.

- I completely freaked out when I saw an opossum for the first time.

  주머니쥐를 처음 봤을 때 난 정말 기절하는 줄 알았어.

- He's a total freak! 걘 진짜 이상한 애야!

It would be a bummer.

a bummer은 depressed '우울한'의 뜻을 가진 bummed out이라는 표현에서 파생된 '실망스러운 일'이라는 뜻의 명사입니다.

- You look kind of bummed out. What's going on?

  너 좀 우울해 보인다. 무슨 일 있어?

not to be confused with~

주로 삽입어구로 사용되는 표현으로 '~와 혼동하면 안 된다'는 뜻을 가지고 있습니다. California를 비롯한 서부에서는 'r'앞에 오는 /e/와 /æ/를 구분하지 않고 모두 /e/로 발음합니다. 예를 들면 bed /bed/와 bad /bæd/는 다르게 발음하지만 merry /meri:/와 marry /mæri:/는 똑같이 /meri:/로 발음을 하죠. 저와 UCLA 대학원에서 같이 공부를 하던 New Jersey 출신의 Barry라는 친구는 처음 자신을 소개할 때 My name is /bæri:/라고 하였지만 학교에서는 모두 /beri:/라고 불렀습니다. Barry와 제가 같이 ESL수업을 팀티칭할 때 학생 중 한 명이 시험지에 Thank you, Berry!라고 써서 제출하자 My name is Barry, not to be confused with a strawberry.라고 써 주더군요.

I can't be a party to this.

이 문장에서 party는 participant(참가자)의 뜻으로 쓰였습니다. She was a party to their conspiracy. "그녀는 그들의 음모에 가담하였다."에서 처럼 be a party to~ 의 형태로 주로 쓰이며 to 뒤에는 '음모, 계획' 등의 부정적인 단어가 많이 쓰입니다. 여기서 party는 한 사람을 뜻하지만 식당에 가면 항상 물어보는 How many are in your party? "일행이 몇 분이시죠?"에서의 party는 여러 명을 뜻합니다.

영화 속 Rule 실전 적용 2

MP3 듣기

Mamma Mia!

You know. I have no clue which one⌣of⌣you is my dad,
워 너 (v)뷰

but I don't mind. Now, I know what⌣I really want.
ⓗ아 론   ⓗ와 라이

이것만은 확실히!

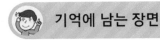

평생 누가 아버지인지를 모르고 큰 Sophie(Donna의 딸)는 결혼식에 아버지를 초청하고 싶은 생각에 Sam을 포함한 Donna의 옛 애인 3명 모두에게 초청장을 보냅니다. 하지만 갑자기 Sophie가 결혼식장에서 결혼을 하지 않기로 결정하자 Sam이 Donna에게 청혼을 하고 맙니다.

Sophie   You know. I have no clue which one‿of‿you is my dad,
워   너   (v)뷰

but I don't mind. Now, I know what‿I really want. Sky,
⑥아 론   ⑥와 라이   ②스까이

let's just not get married yet. You never wanted this
⑥줘스 낫   ⑨   ⑥워닛

anyway. I know that. Let's just get‿off this‿island and
⑥⑥줘스 게 라(ff)프 ①⑥디 싸열런

just *see the world. OK? All right?
⑥줘 si:
                              *⟨New in Town⟩ '영화 속 발음 이야기' 참고(p. 153)

Sky   I love‿you.

Pastor   Donna, do I take‿it the wedding is canceled?
②테이 낏   ⑥웨링

Donna   I'm not‿entirely sure what's happening right now.
⑥나 린타이열(r)리   ②해쁘닝   ⑨

Sam   Hang on! Why waste‿a good wedding? *How about‿it,
②웨이스 떠   ⑥웨링   ⑥하 바우 릿

Sheridan? You're going to need someone to boss‿around

on this‿island‿of‿yours.
① ⑧(ð)디　싸열러　　너　(v)뵤열(r)(z)즈

Donna　Are you nuts? I am not‿a bigamist.
　　　　　　　　⑤나　러 ①비거미스트

Sam　Neither am I. I am a divorced man who's loved‿you for 21
　　　　　　　　　　⑤　　　　　　　　　러(v)브　쥬

years, and ever since the day I set foot‿on this‿island, I've
　　　　　　　　　　　　　　⑨⑧(f)프 런 ①(ð)디 싸열런

been trying to tell you how much I love‿you. Come on,

Donna. It's only the rest‿of‿your life.
　　　　　　　②(r)뤠스 떠　(v)뵤열(r)

(Donna kisses Sam.)

Donna　I do. I do. I do. I do. I do.

Pastor　I now pronounce‿you man and wife.
　　　　프(r)뤄나운　슈

Sophie	솔직히 세 분 중에 누가 아빤지 모르겠지만 상관없어요. 제가 진정으로 원하는 것이 무엇인지 이제 알았어요. 스카이, 우리 아직 결혼하지 말자. 자긴 어차피 결혼식은 원하지도 않았잖아. 나도 알아. 그냥 이 섬을 떠나서 세상 구경이나 하자. 응? 좋지?
Sky	사랑해.
Pastor	Donna, 그럼 결혼식 취소된 거요?
Donna	뭐가 뭔지 아직 잘 모르겠어요.
Sam	잠깐! 왜 이 좋은 결혼식을 낭비해요? 어떻소, Donna? 이 섬에서 당신 재산을 관리해 줄 사람이 필요하지 않소?
Donna	당신 미쳤어요? 나는 일부일처제를 믿어요!
Sam	나도 그렇소. 난 21년간 당신만을 사랑해 온 이혼남이요! 이 섬에 도착한 순간부터 당신을 얼마나 사랑하는지 고백하려고 했소. 자, 어서 빨리. 고작 당신의 남은 인생이지 않소. (Donna가 Sam에게 키스한다.)
Donna	그래요, 그래요, 그래요, 그래요.
Pastor	이제 둘을 부부로 선언합니다.

How about it?을 보통 대화에서 발음할 때는 how '하우'에서 '우'가 빠지고 about '어바웃'에서 '어'가 빠져 '하 바우 릿'으로 발음합니다. how '하우'를 '하'로 발음하는 것은 I '아이'를 보통 '아'로 발음하는 것과 비슷하다고 보면 됩니다. 그리고 about처럼 강세가 없는 '어'로 시작되는 단어의 '어'는 잘 발음하지 않습니다. '감사하다'는 뜻으로 Thank you. 대신 많이 쓰이는 (I) Appreciate it.이라는 표현도 '어'는 잘 발음하지 않고 보통 '프(r)뤼쉬에이 릿'이라고 발음을 하죠.

Do I take it (that)~?

"~라고 생각해도 될까요?"라고 해석할 수 있는 이 표현은 I take it (that) ~ "~인 것 같다"의 의문형입니다.

⬛ I take it (that) you don't like my dress. 내 드레스가 맘에 들지 않는 것 같군요.

Are you nuts?

nuts는 형용사로 crazy라는 뜻입니다. 구어체에서 흔하게 쓰이는 표현이죠. 명사형으로는 nut 또는 nutcase로 쓰여 He's a nut/nutcase.처럼 사용할 수 있습니다. Are you crazy? 대신 What are you, crazy?라는 표현도 많이 씁니다. 이와 반해 Are you mad?는 미국 영어에서는 주로 Are you angry?라는 뜻으로 쓰입니다.

Rule

7

기능어 처음에 오는 h는
발음하지 않고, 기능어 끝에
오는 /v/ 소리도 자음 앞에서는
주로 발음하지 않는다.

제 이름 '원호'를 크게 한번 불러 보세요. '워노야!'로 발음되죠. '원호(Won Ho)'에서 'h'가 없어지고 'n'이 연음이 되어 '워노'가 됩니다. 영어에서도 마찬가지로 him이나 her 같은 기능어의 'h'는 발음되지 않습니다. 만약 him과 her를 강조하면 'h'를 발음할 수 있지만 보통은 '원호'가 '워노'가 되는 것처럼 'h'가 없어지게 됩니다.

① I like him.에서는 him의 'h'가 없어지고 모음은 '어'로 변해 'k'와 연음이 되어 '껌'으로 발음이 됩니다. ② I love her.에서는 her의 'h'가 없어져 love her이 lover와 같이 발음되겠죠.

① I like‿him.
　아일 라이　껌

② I love‿her.
　아일 러　(v)벌(r)

그럼 ③ I asked him.의 마지막 음절은 어떻게 발음이 될까요? Rule 5를 적용해 asked는 /æskt/의 가운데 자음인 /k/를 빼고 /æst/가 되고 마지막 자음 't'는 'h'가 없어지고 모음이 '어'로 된 him과 연음이 되어 '떰'으로 발음이 됩니다.

③ I asked‿him.
　아이 애스　떰

항상 기능어로 쓰이는 대명사 him/her와는 달리 동사 have는 '가지다, 먹다'라는 본동사로 쓰일 때는 의미어로 쓰여 'h'가 없어지지 않습니다. 하지만 ④, ⑤에서 처럼 조동사로 쓰일 때는 기능어이므로 'h'가 없어지고 모음도 '어'나 '으'로 발음이 됩니다.

④ I could‿have‿asked‿her out.
　크　르　(v)배스　떨(r)
"그녀에게 데이트 신청을 할 수도 있었는데..."

물론 have /hæv/의 발음은 전혀 찾아볼 수가 없죠. ④의 could have told her에서는 asked가 모음으로 시작하므로 have의 마지막 자음 /v/는 asked와 연음을 하고 could의 'd'는 have를 축약하고 남은 모음 '으'와 연음을 하여 have는 정작 '르'로만 발음됩니다.

⑤ I should have told her how much I love her.
　　　슈　　　르　토올　　덜(r)
　　　"내가 그녀를 얼마나 사랑하는지 말해주었어야 했는데…"

⑤의 should have told her에서는 told가 자음으로 시작하므로 have의 마지막 자음 /v/마저 없어져 모음 '으'만 남게 되고 should의 'd'와 연음이 되어 '르'로 발음됩니다.

/v/ 소리로 끝나는 기능어 중 흔히 쓰이는 단어는 전치사 of /əv/입니다. of 도 물론 자음으로 시작되는 단어 앞에서는 '어'로만 발음이 됩니다. ⑥ What a piece of cake!의 발음을 우리말로 표기하면 '와 러 **피** 써 **케익**'이 되겠죠.

⑥ What a piece of cake!
　　와　러　피　　써　케익
　　"정말 쉬운데!"

Rule 6를 적용해 What의 't'는 '르'로 발음하고 a와 연음을 시킨 뒤 cake 앞에 있는 of의 /v/는 없애고 piece의 /s/와 연음을 하면 a와 of는 각각 '러'와 '써'로 발음이 됩니다. 영어의 특유한 리듬은 진하게 표시되어 있는 의미어는 강하게 발음하고 기능어는 약하게 발음함으로써 생기는 것입니다.

영화 <The Break-Up>을 보면 Gary(Vince Vaughn)와 Brooke(Jennifer Aniston)의 가족들이 모여 저녁 식사를 하던 중 Brooke 의 아버지가 미국 사람들이 좋아하는 말장난 Knock Knock Joke를 시작합

니다. Brooke의 아버지가 "Knock, knock!"이라고 말하자 Brooke의 오빠가 "Who's there?"이라고 묻고 다시 아버지가 "Norma Lee"라고 대답합니다. 그러자 오빠가 다시 "Norma Lee who?"라고 묻고 아버지가 "<u>Normally</u>, I don't go around knocking on doors, but would you like to buy an encyclopedia?"라고 말합니다.

Knock Knock Joke는 A가 "Knock, knock!"으로 시작하면 B가 "Who's there?"라고 묻고 A가 사람 이름 '아무개'를 말한 뒤 B가 다시 "아무개 who?"라고 되물으면 A가 마지막에 발음으로 '아무개'와 연결이 되는 재치 있는 문장을 붙여 말하는 말장난입니다. 그럼 다음의 Knock Knock Joke에서 Oliver는 누구일까요?

> A: Knock, knock!
> B: Who's there?
> A: Oliver
> B: Oliver who?
> A: <u>Oliver</u> friends are coming over.

Oliver friends are coming over.에서 Oliver가 무슨 뜻인지를 맞추려면 우선 Oliver라는 이름의 두 번째 음절을 '러'로 발음해야 합니다(Rule 1 참고). 그리고 her에서 'h'가 없어진다는 Rule 7을 적용하면 All of her가 Oliver와 똑같이 발음된다는 것을 알 수 있습니다.

Listen & Practice VII

MP3 듣기

1.　ⓐI like‿him.　　　ⓑI love‿her.

2.　ⓐShe dumped‿him.　　ⓑI met‿her last year.

3.　ⓐI totally believed‿him.　ⓑHe kissed‿her.

4.　ⓐ I already asked‿him.　ⓑI already asked‿her.

5.　ⓐHe's got tons of money.　ⓑWe have a lot of time left.

6.　ⓐ What‿a piece‿of cake!　ⓑWhat‿a waste‿of time!

7.　ⓐI could‿have‿asked‿her out.

　　ⓑI might‿have been too nice a guy.

　　ⓒI should‿have told‿her how much I loved her.

　　ⓓ I would‿have‿asked‿her out had‿I known that

　　　she was also interested‿in seeing me.

8.　ⓐThat's out of the question. ➔ out of the question 전혀 불가능한

　　ⓑYou can take the rest of the cake home.

9.　ⓐNone of the people I invited came to my party.

　　ⓑSome of the problems are impossible to solve.

10.　One of the most difficult things in life is to love someone.

101

영화 속 Rule 실전 적용 1

MP3 듣기

The Lake House

A I wish we could⌣have done this walk together.
　　　ⓢⓖⓘ 크　　르　　던

B I don't understand. Something must have happened.
　　ⓢ아 론　　　ⓢ언덜(r)스**땐**　　　　ⓣⓖⓘ머스 뜨브(v)　　**해쁜**드

기억에 남는 장면 1

▶ 1:13:20

레이크 하우스의 우체통을 통해 편지를 주고받으며 시간을 초월한 사랑을 키워가던 Kate와 Alex는 지정한 날짜에 레스토랑 Il Mare에서 마침내 만나기로 약속합니다. 하지만 Alex는 약속 장소에 나타나지 않고 실망한 Kate가 이제 그만 연락을 끊자고 말하는 장면.

Kate You weren't there. You didn't come.

Alex I don't understand. Something must have happened. I'm
ⓔ아 론   ❷언덜(r)스땐   ❷❼❶머스 뜨브(v)   **해쁜드**

sorry. I've got two years, Kate. We can try again.
❶❸큰 추(r)롸이

Kate No, Alex, it's too late. It already happened. It didn't work.
ⓔ리   ❷해쁜드

Alex Don't give‿up‿on me, Kate. What‿about *Persuasion*?
❷기 (v)버 뻔   ⓔ와   러바웃

You told me. They wait. They meet‿again. They have‿
ⓔ미   러겐

another chance.

Kate Life‿is not‿a book, Alex, and it can be over in‿a second.
ⓔ나 러   ❶큰   이 너 ❷쎄껀

103

2년 전 Valentine's Day에 Daley Plaza에서 교통사고로 사망한 사람이 Alex라는 것을 깨달은 Kate가 레이크 하우스 우편함에 Alex를 위해 넣어 놓은 간절한 메시지.

Kate   Alex, I know why you didn't show up that night. It was⌣

you at Daley Plaza that day. It was⌣you. Please, don't go.
주:

Just wait. Please. Don't look for me. Don't try⌣to find me.
쥐스 웨잇   추(r)라이 르

I love⌣you. And it's taken me all this time to say it, but⌣I
버   라이

love⌣you. And if⌣you still care for me, wait for me. Wait

with me. Just wait. Wait. Wait two years, Alex. Come to the

lake house. I'm here.

기억해 두고 싶은 대사

Kate   I wish we could⌣have done this walk together.
크 르 던

→ Alex가 적어 준 쪽지를 따라 Chicago의 유명한 건물들을 돌아보며 Kate가 하는 말.

l	Kate	거기 없었어요. 당신은 오지 않았죠.
	Alex	이해가 안 돼요. 무슨 일이 있었나 봐요. 미안해요. 2년이 남아 있으니 다시 한 번 해 보죠.
	Kate	아니에요. 이젠 너무 늦었어요. 벌써 지나간 일이에요. 못 만났잖아요.
	Alex	포기하지 말아요. 〈설득〉이란 책은요? 내게 말해 주었잖아요. 그들은 기다리죠. 기다려서 다시 만나잖아요. 그들은 또 기회가 있죠.
	Kate	인생은 책이 아니에요. 한순간에 끝날 수도 있죠.

2 Kate   Alex, 당신이 그날 못 온 이유를 알았어요. Daley Plaza에서 사고를 당한 게 당신이었어요. 바로 당신. 제발 가지 마세요. 그냥 기다려 줘요. 날 찾지 말아요. 제발 날 찾으려 하지 마세요. 당신을 사랑해요. 오랫동안 말하지 못했지만 사랑해요. 아직도 날 생각해 주는 마음이 있다면 기다려 줘요. 나도 기다릴게요. 기다려 줘요, 기다려 줘요. 2년만 기다렸다가 호수 집으로 와요. 나 여기 있어요.

Kate   당신과 함께 걷고 있었기를 바라요.

<The Lake House>는 2000년에 개봉한 이정재, 전지현 주연의 영화<시월애(時越愛)>를 리메이크한 영화로 잘 알려져 있습니다. 한국 영화를 미국 상황에 맞게 각색하면서 여러 다른 설정이 등장하지만<시월애>와 <The Lake House>의 가장 큰 차이점이라면 전자는 남녀의 사랑에 초점을 맞춘 반면 후자는 가족 간의 사랑이 스토리 전개의 큰 비중을 차지한다는 것입니다. 미워했던 아버지가 직접 설계하고 지은 Lake House에 Alex가 성인이 되어 다시 그 집에 살면서 아버지와 소통을 시작한다는 내용을 담고 있는 영화이죠.

실제 50%에 가까운 이혼율을 영화에 반영이라도 하듯 많은 Hollywood 영화에는 이혼 가정이 자주 등장합니다. 이혼의 이유로는 불륜도 있지만 남편이 자기 일에만 매달려 가정을 소홀히 해 부인이 남편을 떠나는 설정이 많이 있죠. 영화 <2012>에서도 자기 책 쓰기에만 정신이 팔린 남편을 참다못해 부인이 떠나 버렸고, <The Lake House>에서도 유명한 건축가인 Alex의 아버지가 자기 일에만 몰두하다 가정을 파탄에 빠트리고 맙니다. 2006년에 개봉한 Adam Sandler 주연의 영화 <Click>도 가정에 소홀히 하고 자기 일에만 몰두하는 일 중독자(workaholic)의 비참한 종말에 대한 경각심을 일깨워 줍니다.

그런데 OECD 회원국 중 최장 근무시간을 자랑하는 한국의 이혼율이 미국보다 낮은 이유는 무엇일까요? 문득, 아이가 잠든 후 퇴근하고 아이가 깨기 전 출근을 해야만 하는 아빠의 비극적인 현실을 가족 구성원들이 너무 잘 받아들이기 때문은 아닐까 하는 생각에 마음이 씁쓸해 지는군요.

영화 속 Rule 실전 적용 2

Valentine's Day

이것만은
확실히!

A And if you don't stop her, she'll never know how
⑦⑥에 니 ⒡퓨 론 ②⑦스따 뻘⒭

you really feel.

B And I wanted to tell you the truth.
⑦⑧에 난 워닛 ⑧추⒭루⒠뜨

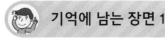

꽃 가게를 운영하는 Reed는 Valentine's Day에 여자 친구 Morley에게 청혼을 하고, 흔쾌히 청혼을 받아 주었던 그녀는 오후가 되자 결혼에 대해 다시 생각해 보고자 합니다. 혼란에 빠진 Reed는 오랜 친구로만 지내던 Julia에게 그녀의 완벽한 남자 친구가 유부남이라는 사실을 알려 줄 결심을 하고 공항으로 달려갑니다.

Oversized-Baggage Agent	Now, look, buddy. I'm 52, and I'm wearing a bright blue shirt to work. Please don't make me madder than I am.
Reed	I'm sorry. There's this girl.
Oversized-Baggage Agent	Oh, don't tell me. That'll take the fun out of guessing. Let's see, this is gonna be a tough one. There's a very pretty girl, and she's about to get on a big airplane. And if you don't stop her, she'll never know how you really feel.
Reed	Not exactly.
Oversized-Baggage Agent	What am I missing?

Reed   If she gets⌣on the plane, she's gonna find⌣out the hard

way that the guy that she thinks she's⌣in love with is⌣a

spineless lying creep!
ⓔ스**빠**인러스

Oversized-   That's no good.
Baggage
Agent

Reed   No, it⌣is no good. And I can't let that happen because
ⓖ이 **린**(z)즈   ⑨   ⓔ**해쁜**

this girl, she is great! She's like… sunshine. Everything is

better when she's there. I can't stand the idea of some
ⓖ**베럴**(r)   ⑨ ⓔ스**땐**

jerk hurting her. I just can't. I can't.
ⓖ**링**   ⓖ**줘스**

 ## 기억에 남는 장면 2   ▶ 1:16:20

 50년 이상을 잉꼬부부로 지내온 Edgar와 Estelle은 자축의 의미로 결혼 서약을 다시 하기로 결정합니다. 며칠 후, 손자의 베이비시터에게 사랑에 관한 조언을 해 주는 Edgar의 얘기를 듣던 Estelle은 갑자기 자리를 뜨고 영문을 모르고 뒤쫓아간 Edgar에게 Estelle이 자신의 오래전 불륜을 고백하는 대화.

Edgar   You had⌣an affair.
ⓖ**해** 런

Estelle   Yes, but⌣it didn't last long, Edgar. Didn't last long, and we
ⓖ**버** 릿

regretted it very much. I'm so sorry. You're the only man
ⓖ(r)뤼그(r)뤠리 릿

I've ever loved.

Edgar   Then why tell me now?

Estelle   It's been bothering me. Our vows and everything.

         And I wanted to tell you the truth.
         ⓘⓑ에 나 워닛   ⓑ추(r)루(ⓔ)뜨

Edgar   The truth? Well, unfortunately, Estelle, the truth makes
         ⓑ추(r)루(ⓔ)뜨   ⓑ추(r)루(ⓔ)뜨

         everything else seem like a lie.
         ⓔ라이 꺼

기억해 두고 싶은 대사

Reed   Did you even consider marrying me?
         ❶ⓖ큰(s)씨럴(r)

Morley   Of course, I did. But when you ask a girl to marry you,
         ❷애스 꺼

         do you want her to just consider it? Or do you want
         ⓖ❶ⓖ줘스 큰(s)씨러 (r)릿

         her to just know?
         ⓖ줘스 노우

110

→ 진실을 말한다는 것, 사랑하는 사람에게 가장 하기 어려운 것 중에 하나라는 생각이 듭니다. 청혼을 흔쾌히 받아 준 지 하루도 지나지 않아 동거하던 남친 Reed와 헤어져야겠다는 결심을 한 Morley는 Did you even consider marrying me?라는 Reed의 질문에 결혼을 생각해 보긴 했지만 운명처럼 다가오는 확신은 없다고 대답합니다. 자신에게 사랑보다는 직장 생활이 더 중요하다는 진실을 Reed에게 미안한 감정에 휩쓸려 말하지 않았다면 Reed와 Morley 모두 나중에 후회하는 결혼 생활을 하게 되었을지도 모르죠.

진실을 말한다는 것, 때론 사랑하는 사람에게 절대 해서는 안 되는 것 중에 하나이기도 합니다. 평생 한 여자만을 사랑한 Edgar는 50년 이상을 동고동락한 아내 Estelle도 평생 한 남자, 자신만을 사랑해 왔다고 믿고 있었습니다. 그런 Edgar에게 Estelle은 수십 년 전에 지나간 자신의 과거를 고백하고 맙니다. 수십 년 전에 자신이 저지른 실수를 사랑하는 사람에게 고백하는 것이 정말 옳은 일일까요? 눈물로 과거를 고백하는 Estelle에게 Edgar는 단지 Why tell me now?라고 묻습니다. 어떻게 당신이 나를 배신할 수가 있냐고 따지지 않죠. 이 질문에 Estelle은 It's been bothering me. And I wanted to tell you the truth.라고 대답합니다.

Estelle을 진정으로 사랑하는 Edgar는 결국 가슴이 찢어지는 듯한 배신감을 뒤로하고 Estelle을 용서하게 되고 Estelle은 Edgar에게 과거를 고백하고 용서를 받음으로써 자신을 짓눌렀던 괴로움에서 벗어날 수 있게 됩니다. 하지만 Edgar에게는 진정한 마음의 평온이 다시 찾아올까요? 〈Sex and the City〉에서도 비슷한 상황이 벌어집니다. 다른 여자와 하룻밤을 지낸 Miranda의 남편 Steve가 죄책감에 못 이겨 Miranda에게 고백을 하자 배신감을 견디지 못한 Miranda는 집을 나가고 이혼까지 생각하지만 결국 Steve를 용서하고 맙니다.

물론 누구나 실수는 할 수 있습니다. 그리고 또 한 번의 기회를 얻을 자격도 있죠.(And everybody deserves a second chance!) 하지만 자신이 저지른 실수에 대한 대가는 자신이 치러야 하겠지요. 상대방에게 미안한 만큼 더 잘해 주면 되고 다시는 절대 사랑하는 사람을 배신하는 행동을 하지 않으면 되는 것입니다. 진실을 말해 주고 싶었 다는 미명 아래 Estelle과 Steve는 결국 자신이 저지른 과오의 대가를 Edgar과 Miranda에게 전가한 것입니다.

	Oversized- Baggage Agent	이봐. 나이 52세에 아주 파란 셔츠를 입고 직장에 나오는 날 제발 더 이상 열 받 게 하지 말라고.
	Reed	죄송합니다. 제가 아는 여자가….
	Agent	말해 주면 맞히는 재미가 없어지지. 이거 아주 어렵겠는데. 아주 예쁜 여자가 곧 큰 비행기를 타려고 하는데 자네가 그녀를 붙잡지 않으면 그녀는 영영 자네의 마음을 알지 못할 거라고?
	Reed	그건 아니고요.
	Agent	내가 뭘 빠뜨렸지?
	Reed	그녀가 비행기에 타면 자기가 사랑한다고 생각하는 남자가 비겁한 거짓말쟁이 라는 끔찍한 사실을 알게 돼요.
	Agent	그럼 안 되지.
	Reed	안 되고 말고요. 그렇게 되도록 놔둘 수는 없어요. 정말 괜찮은 여자거든요. 햇살 같은 여자죠. 그녀만 있으면 모든 게 좋아져요. 그런 그녀가 어떤 못된 놈에게 상처를 받게 된다는 생각을 도저히 참을 수가 없어요. 절대 안 돼요. 안 돼요.

2	Edgar	바람피웠군.
	Estelle	네, 하지만 오래가진 않았어요. 오래가지 않았고 우린 아주 많이 후회했어요. 정 말 미안해요. 진짜 사랑한 건 당신뿐이에요.
	Edgar	그럼 왜 이제 와서 말하는 거지?
	Estelle	괴로웠어요. 결혼 서약 등 여러 가지 일로. 그리고 진실을 말해 주고 싶었죠.
	Edgar	진실? 유감스럽지만 진실이 다른 모든 걸 거짓말처럼 보이게 하는군.

⚙ ·············· 기억해 두고 싶은 대사

| Reed | 나와의 결혼을 생각해 보긴 했어? |
| Morley | 그럼, 당연하지. 하지만 당신이 청혼을 한 여자가 그냥 결혼을 생각해 보기만을
바라? 아니면 그냥 알기를 바라? |

buddy

'친구'라는 뜻의 명사지만 친구가 아닌 모르는 사람을 부를 때도 흔히 쓰이는 호칭입니다. 친한 남자 친구들 사이에는 bro(= brother)라는 호칭을 많이 사용하고 여자 친구들 사이에는 서로 girl이라고 부르기도 합니다 (⬅ What's up, bro? How you doin', girl?). 하지만 친한 여자에게 sis(= sister)라고 부를 수는 있어도 친한 남자에게 boy라고 부르지는 않습니다. boy는 예전에 흑인 남자 노예를 부를 때 흔히 썼던 말이기 때문이죠. 나이 많은 남자가 젊은 남자나 어린이를 부를 때는 가끔 son이라고도 합니다. 하지만 여자아이를 daughter라고 부를 수는 없습니다.

creep & jerk

creep이나 jerk는 싫어하는 사람을 지칭할 때 쓰는 말입니다. xxxhole이나 son of a bitxx처럼 심한 욕은 아니라서 많이 사용되는 말이기도 하죠. creep이나 jerk와 비슷한 뜻으로 자주 쓰이는 단어 중에는 sucker와 bastard가 있습니다. sucker는 '잘 속는 사람/ ~에 사족을 못 쓰는 사람'이라는 뜻이지만 그냥 특별한 뜻 없이 사람이나 물건을 지칭할 때 쓰이기도 하고, bastard는 '사생아'라는 나쁜 뜻을 가진 단어지만 친구사이에서 쓰이기도 합니다.

Rule

8

tr과 dr의 발음은 '추'와 '주'로

시작하고, n 뒤에

오는 t (& d)는 발음하지 않는다.

Rule 4에서 't'와 'd'는 you와 합쳐질 때 '츄'와 '쥬'로 변한다는 것을 배웠습니다. 't'와 'd'는 또 ① try와 ② dry 에서처럼 'r' 앞에서는 '추'와 '주'로 변합니다.

① t̲ry
추(r)라이

② d̲ry
주(r)라이

혹시 그룹 2NE1의 이름이 왜 2NE1인지 아세요? ③ twenty-one(21)의 원어민 발음을 재치 있게 바꾼 것입니다. 원어민들은 'n' 뒤에 오는 't'를 발음하지 않기 때문에 20을 '트웬티'가 아닌 '트웨니'로 발음합니다. 2NE을 빠르게 발음하면 연음이 되어 20와 똑같이 '트웨니'로 발음됩니다.

③ twen̲ty-one (21)
트웨니   원

그럼 Angelina Jolie 주연의 영화 '원티드 (④ <Wanted>)'의 원어민 발음은 어떻게 될까요? 마찬가지로 'n' 뒤에 't'가 사라져 '워닛'으로 발음하겠죠. 네, 물론 ⑤ winter도 winner와 똑같이 발음합니다.

④ <Wan̲ted>
워닛

⑤ win̲ter = winner
위널(r)

이제 Rule 7에서 배운 Knock Knock Joke를 다시 한 번 해보죠. 도대체 Cantaloupe가 누구일까요?

A: Knock, knock!
B: Who's there?
A: Cantaloupe

B: Cantaloupe who?

A: Cantaloupe with you tonight.

Cantaloupe은 멜론의 일종으로 껍질은 녹색에 속은 오렌지색 과일입니다. 천천히 또박 또박 발음 할 때는 '캔털로웁'이라고 발음하지만 보통은 'n'뒤의 't'를 빼고 '캐널로웁'이라고 발음하죠. Cantaloupe with you tonight. 에서 cantaloupe은 can't elope을 뜻합니다. elope은 '남녀가 눈이 맞아 함께 달아나다'라는 뜻의 자동사이죠. 그래서 Can't‿elope with you tonight.은 "오늘 밤엔 너와 함께 달아날 수

없어."라는 뜻이 됩니다. can't에서 'n' 뒤의 't'를 없애고 Rule 3에서 배운 연음을 이용하면 can't‿elope도 cantaloupe과 똑같이 '캐널로웁'으로 발음이 됩니다.

't'와 달리 'd'는 단어 안에서는 'n' 뒤에서 없어지지 않습니다. 예를 들어 candy /kændi/를 /kæni/라고 발음하는 사람은 없죠. 하지만 and나 kind (of)처럼 아주 흔히 쓰이는 단어의 끝에 오는 'nd'에서는 주로 'd'를 발음하지 않습니다.

⑥ <The King and I>
(ㅎ)더 킹 애 <u>나</u>이

⑦ It's kind of boring.
이츠 카(이) *너 <u>보</u>어(r)링
*Rule 7 참고(p. 97)

⑥ <The King and I>의 발음을 들어 보면 'd'가 없어지고 'n'이 I와 연음이 되어 '나이'로 발음되는 것을 알 수 있고 ⑦ It's kind of boring.에서는 kind의 'n'이 of와 연음이 되어 '너'로 발음됩니다. of 뒤에는 자음으로 시작하는 boring이 왔으므로 /v/는 발음하지 않습니다.

Listen & Practice VIII

1. ⓐ <u>tr</u>y   ⓑ <u>tr</u>uck   ⓒ <u>tr</u>ouble

2. ⓐ <u>tr</u>ee   ⓑ <u>tr</u>ain   ⓒ <u>tr</u>avel

3. ⓐ <u>dr</u>y   ⓑ <u>dr</u>agon   ⓒ <u>dr</u>op

4. ⓐ <u>dr</u>ama   ⓑ <u>dr</u>um   ⓒ <u>dr</u>eam

5. ⓐ twen<u>t</u>y-one ⓑ *Wan<u>t</u>ed*   ⓒ in<u>t</u>ernational

6. ⓐ win<u>t</u>er   ⓑ cen<u>t</u>er   ⓒ gen<u>t</u>leman

7. ⓐ I don't <u>tr</u>ust him anymore.

    ⓑ I'm <u>tr</u>eating you all today, and it's not a <u>tr</u>ick.

8. ⓐ What a pretty <u>dr</u>ess you got on!

    ⓑ Friends don't let friends <u>dr</u>ink and <u>dr</u>ive.

9. ⓐ San<u>t</u>a Claus is coming to town. ♪♬

    ⓑ You can find out about that on the In<u>t</u>ernet.

10. ⓐ He's a very good frien<u>d ⌣</u>of mine.

    ⓑ *The King an<u>d ⌣</u>I was kin<u>d ⌣</u>of boring.*

117

영화 속 Rule 실전 적용 1

Love Actually

○ But for now, let me say without hope‿or agenda, just
　　　　　　　　　　　　　　②호우　볼(r)　①어**젠**다　⑤쥬스

because it's Christmas (and‿at Christmas you tell the
비커(z)즈　　　　　　　ⓑ에　넷

truth). To me, you are perfect.
ⓔ추(r)루(e)뜨

Sam의 새 아빠 Daniel은 엄마가 죽고 며칠 동안 방에 틀어박혀 밥도 먹지 않는 Sam에게 고민이 있냐고 묻습니다. 자신의 고민은 엄마가 아닌 사랑이라고 말하는 Sam을 보며 Daniel은 웃으며 대화를 이어나갑니다.

Sam   OK. Well… truth‿is, actually… I'm‿in love.
추(r)루 (e)띠즈(z)   아   민

Daniel   Sorry?

Sam   I know I should be **thinking** about Mom all the time, and
ㄹ(e)땅낑   ㅌ에

‿I am. But the truth‿is I'm in love. I was before she died.
나이   추(r)루 (e)띠즈(z)

There's nothing I can do about‿it.
큰   어바우 릿

Daniel   Aren't‿you a bit young to be in love?
츄   유

Sam   No.

Daniel   Oh, oh, OK. Well… I'm a **little** relieved.
리를

Sam   Why?

Daniel   Well. Because I… thought‿it'd be something worse.
ㅌ(e)따   릿

Sam   Worse than the <u>total agony</u> of being in love?
ⓔ토우를 ❶애거니

Daniel   No, you're right. <u>Total agony</u>.
ⓔ토우를 ❶애거니

기억해 두고 싶은 대사

Mark   But for now, let me say without <u>hope⌣or agenda</u>, just
ⓔ호우 ⓑ뿔(r) ❶어줸다 ⓔ줘스

<u>because</u> it's Christmas (<u>and⌣at</u> Christmas you tell the
비커(z)즈 ⓔ에 넷

truth). To me, you are perfect. And my <u>wasted</u> heart
ⓔ추(r)루(e)뜨 ❷웨이스띳

will love⌣you until you look like this. Merry Christmas.

→ 크리스마스 저녁, 가장 친한 친구의 아내 Juliet을 찾아가 마음속에 품었던 사랑을 고백하는 Mark의 유명한 스케치북 고백이죠. 사랑은 지극히 평범한 사람도 모두 시인으로 바꿔 버리는 것 같습니다. 저 같은 문외한도 연애편지를 쓸 때는 시인이 되어 버리니까요. 사실 시라고 뭐 별거 있나요? 사랑을 해도 되는 사람이건 가장 절친한 친구의 아내처럼 사랑을 해선 안 될 사람이건 사랑이 아픈 건 매한가지입니다. 뼛속 깊이까지 찾아오는 아픔과 애절함을 말로 표현하면 모두 시가 되는 것이죠. 사랑해서는 안 될 사람을 사랑하게 된 아픔, 해 보지 않았으면 말을 마세요.

Sam	좋아요. 사실은 지금 사랑에 빠졌어요.
Daiel	뭐?
Sam	항상 엄마를 생각하고 있어야 한다는 건 알지만, 그리고 그러고 있고요. 하지만 사실은 사랑에 빠졌어요. 엄마가 돌아가시기 전부터요. 제가 할 수 있는 일은 하나도 없어요.
Daniel	넌 사랑에 빠지기엔 좀 어리지 않니?
Sam	아니요.
Daniel	아, 그래. 그렇지. 이제야 좀 안심이다.
Sam	왜요?
Daniel	왜냐하면 아빠는 더 심각한 문제인 줄 알았거든.
Sam	사랑보다 더 큰 고통이 어디 있어요?
Daniel	아니다, 네 말이 맞아. 사랑보다 큰 고통은 없지.

················ 기억해 두고 싶은 대사

Mark	하지만 지금 현재로선 어떤 희망이나 계획도 없이 오늘은 크리스마스니까 말하고 싶어요(크리스마스에는 진실을 말해야 하니까요). 나에게 당신은 완벽해요. 마음이 아파도 당신을 사랑할 거예요. 당신의 마지막 순간까지…. 메리 크리스마스.

to be in love (with someone) **~와 사랑에 빠지다**

I love you, but I'm not in love with you anymore. 도대체 무슨 말일까요? "너를 사랑하지만 더 이상 사랑하지 않는다?!" 영화의 제목은 생각이 나지 않지만 Ben Stiller가 나오는 영화의한 장면에 다음과 같은 대화가 있습니다.

Ben Stiller	"I love her."
His friend	"I know. Isn't she great?"
Ben Stiller	"No, I mean, I'm in love with her."

love라는 단어를 보통 '사랑(하다)'라고 생각하지만 일상 대화에서는 '아주 좋아하다'라는 뜻으로도 많이 쓰입니다. 친구가 How did you like the movie?라고 물어볼 때 흔히 Oh, I loved it. It was a great movie.라고 답하곤 하죠. "영화 어땠어?"라고 하는데 "어, 사랑했어."라고 대답하는 건 우리말에서는 있을 수 없는 일입니다.

이렇게 영어에서는 love라는 단어를 너무 흔히 쓰기 때문에 I love her.는 "나는 그녀를 사랑해."라고 해석할 수 있지만 "난 그녀가 아주 좋아."라는 뜻으로 받아들일 수도 있습니다. 그래서 '사랑한다'라는 뜻을 정확히 전달하려고 Ben Stiller가 다시 I'm in love with her.라고 말한 것이죠. 이제 I love you, but I'm not in love with you anymore.라는 말이 무슨 뜻인지 이해가 되나요? 참고로 이 말은 미국에서 부부가 헤어지기 전에 가장 많이 하는 말 중에 하나라는군요.

The Proposal

이것만은
확실히!

○ Three days‿ago, I loathed‿you. I used to dream
　　　　　　　로우(ð)드　　쥬　　　　　　　Ⓗ주(r)림

about‿you getting hit by a cab‿or poisoned.
어바우　　　쥬　Ⓖ게링

123

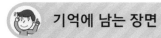
 캐나다 국적을 가지고 있는 Margaret은 미국에서 강제 추방을 당하지 않기 위해 비서 Andrew에게 위장 결혼을 강요합니다. 결혼식을 올리기 위해 Andrew의 부모님이 살고 있는 Alaska에 가지만 결국 Margaret은 죄책감을 이기지 못하고 혼자 뉴욕으로 돌아 갑니다. 뒤쫓아 온 Andrew와 회사에서 짐을 정리하고 있던 Margaret이 나누는 대화.

Andrew   Three days⌣ago, I loathed⌣you. I used to dream about⌣
로우ⓗ드   쥬   ⓗ주(r)림   어바우

you getting hit by a cab⌣or poisoned.
츄   ⓢ게링

Margaret   Oh, that's nice.

Andrew   I told⌣you to stop talking. Then we had⌣our little
ⓖ ⓔ아 토울   쥬   르   스땁   **타**낑   ⓢ해   랄(r)   **리**를

adventure up⌣in⌣Alaska, and things started to change.
ⓔⓐ어 삔   널래스까   ⓔⓢ스**따**(r)릿

Things changed when we kissed. And when you told me

about⌣your tattoo. Even when you checked me out when

we were naked.
ⓔ네이낏

Margaret   Well, I didn't see anything.

Andrew   Yeah, you did. But I didn't realize any of this until I was

standing alone… in a barn… wifeless. Now, you can‿
ⓔ스땐딩　　　　　　　　　　　　　　　　　　❶크

imagine my disappointment when‿it suddenly dawned
너매쥔

‿on me that the woman I love‿is about to be kicked‿
　　　　　　　　　　　　　　　　　　　ⓔⓔ❼킥

out‿of the country. So Margaret, marry me, because I'd
따우　러 ⓢ더 ⓢ컨추ⓡ뤼

like to date‿you.
　　　데이　　츄

Margaret Trust me. You don't really want to be with me.
　　　　　ⓢⓢ추ⓡ뤄스 미　ⓢ유　론

Andrew Yes, I do.

Margaret See, the thing is, there is‿a reason why I've been alone

all this time. I'm comfortable that way. And I think‿it
　　　　　　　　　　　　　　　　　　ⓔ(ⓔ)띵　　낏

would just be a lot‿easier if we forgot‿everything that
　　　ⓢ쥐스 비　ⓢ얼 라　리(z)지열(r)　　ⓢ(f)폴(r)가　레(v)브리(ⓔ)띵

happened and I just left.
ⓔ해쁜드　　　　ⓢ쥐스 레(f)프트

Andrew You're right. That would be easier.

Margaret I'm scared.
　　　　　ⓔ스께얼(r)드

Andrew Me, too.

Margaret	Aren't͜ you supposed to get down on your knee or
	츄
	something?
Andrew	I'm gonna take that as͜ a "yes."
Margaret	Oh, OK.

영화 대본
확인하기 ······ 기억에 남는 장면

Andrew	사흘 전까진 당신을 증오했지. 차에 치이거나 독살되길 바라기도 하고.
Margaret	참 고맙군.
Andrew	조용히 하라고 했잖아. 그런데 알래스카에 가서 뭔가 변했어. 우리가 키스했을 때, 당신이 문신 얘기했을 때, 벗은 내 몸을 훔쳐봤을 때.
Margaret	이런, 난 아무것도 안 봤는데.
Andrew	봤잖아. 하지만 당신이 떠나고 헛간에 혼자 서 있기 전까진 달라진 내 마음을 깨닫지 못했어. 내가 사랑하는 여자가 곧 추방된다는 것을 깨달았을 때 얼마나 가슴이 아팠는지 이제 상상이 되겠지. 그러니 Margaret, 나와 결혼해 줘. 당신과 데이트하고 싶거든.
Margaret	내 말 들어. 나랑 같이 있으면 후회하게 될 거야.
Andrew	아니, 그렇지 않아.
Margaret	글쎄, 내가 여태 혼자인 건 다 이유가 있어. 난 혼자가 편해. 그동안의 일 다 잊고 내가 떠나는 게 서로에게 덜 힘들어.
Andrew	그렇겠지. 그게 덜 힘들겠지.
Margaret	난 두려워.
Andrew	나도.
Margaret	이럴 땐 무릎 꿇어야 하는 거 아니야?
Andrew	결혼 승낙한 것으로 알아듣지.
Margaret	알았어.

〈The Time Traveler's Wife〉의 '영화 속 문장 구조 배우기'(p. 42)에서 잠시 언급한 가정법에 대해 좀 더 자세히 알아볼까요? 가정법에서 가장 중요한 것은 시제입니다.

ⓐ If I <u>were</u> Spiderman, I <u>would be living</u> in New York.
내가 만약 스파이더맨이라면 나는 뉴욕에 살고 있을 것이다.

ⓑ If I <u>had known</u> that there was a test yesterday, I definitely <u>would've studied</u> harder.
내가 만약 어제 시험이 있다는 것을 알았더라면, 나는 틀림없이 더 열심히 공부하였을 것이다.

간단히 말해 ⓐ처럼 현재의 상황을 가정할 때는 과거동사(were)를 쓰고 ⓑ처럼 과거의 상황을 가정할 때는 과거완료(had known)를 써야 합니다. 주절에는 would가 있기 때문에 과거와 과거완료가 각각 동사원형과 현재완료로 바뀌었다고 생각하면 됩니다.

그리고 ⓒ처럼 if절은 가정법 과거(had studied)이지만 주절은 가정법 현재(would be)인 경우도 있습니다.

ⓒ If I <u>had studied</u> English harder in high school, my English <u>would be</u> much better now.
내가 만약 고등학교 때 영어를 좀 더 열심히 공부했더라면, 나는 지금 영어를 훨씬 더 잘할 수 있을 텐데.

위 세 문장의 공통점은 현재나 과거의 사실에 반대되는 상황을 가정한다는 것입니다. 하지만 Andrew의 뜻밖의 청혼에 ⓓ로 대답한 Margaret처럼 미래 상황에도 가정법을 사용할 수 있습니다.

ⓓ I think it <u>would</u> just be a lot easier if we <u>forgot</u> everything that happened and I just <u>left</u>.

만약 동일한 문장에 ⓔ처럼 단순 미래를 사용하면 어떤 차이가 생길까요? 뜻은 변하지 않지만 어감이 달라집니다.

ⓔ I think it <u>will be</u> a lot easier if we <u>forget</u> everything that happened andI just <u>leave</u>.

단순 미래에는 가정법 미래보다 화자의 확신이 좀 더 내포되어 있습니다. 사랑을 고백하는 남자에게 단순 미래를 사용해 ⓔ처럼 말한다면 너무 냉정해 보이겠죠. 그래서 단순 미래와 가정법 미래가 모두 사용될 수 있는 상황에서 가정법 미래를 사용하면 공손한 표현이 됩니다.

가정법 미래를 사용했을 때 공손한 표현이 되는 것은 can을 사용한 ⓕ보다 과거형인 could를 사용한 ⓖ가 더 공손한 것과 같은 이치입니다.

ⓕ <u>Can</u> you open the window?　　ⓖ <u>Could</u> you open the window?

교수님이나 직장 상사에게 드릴 말씀이 있다고 할 때 I <u>want</u> to talk to you about X.라고 한다면 상대방이 기분 좋게 이야기를 들어줄 리 만무합니다. I <u>wanted</u> to talk to you about X. 혹은 더욱 공손한 과거 진행형을 써서 I *<u>was wondering</u> if I could talk to you about X.라고 해야겠죠.

*〈Love Happens〉'영화 속 문장 구조 배우기' 참고(p. 80)

 ## 영화 속 표현 탐구

to dawn on someone that ~　~에게 ~이 분명해지다, ~이 ~을 깨닫다

ⓔ It dawned on me that she may not actually love me.
그녀가 나를 사랑하지 않을지도 모른다는 것을 깨달았다.

the thing is　~ 실은 (중요한 사실을 말하려고 할 때 씀)

ⓔ The thing is, I fell in love with you at first sight.　실은 나 너에게 첫눈에 반했어.

Rule

9

/t/ 뒤에 다른 자음이 오면

'트'라고 발음하지 않고

그냥 잠시 숨을 멈춘다.

① department처럼 't' 뒤에 바로 다른 자음이 올 때에는 't'를 '트'로 발음하지 않고 잠시 숨을 멈춥니다. 한번 무거운 식탁을 혼자 들어 올리려고 힘을 써 보세요. '흐-윽' 소리와 함께 숨을 멈췄나요? 't' 뒤에 다른 자음이 오면 't'는 이렇게 숨을 멈출 때 나는 소리로 변합니다. ('숨 멎는 /t/'는 'ǀ'로 표기하겠습니다.)

① department (store)
디팔(r)ǀ먼

② definitely에서도 발음상으로 't' 뒤에 바로 'l'이 오기 때문에 't'가 숨 멎는 /t/로 발음됩니다.

② definitely
데(r)ǀ퍼널ǀ리

우리나라에서는 '러브 인 맨하탄<Love in Manhattan>'이라는 제목으로 개봉된 Jennifer Lopez 주연 영화의 원제는 <Maid in Manhattan>입니다. maid와 made가 동음이의어이고 여주인공이 Manhattan에 있는 고급 호텔에서 일하는 하녀(maid)라는 영화 내용이 반영된 제목이죠.

③ <Love‿in Manhattan>   ④ <Maid‿in Manhattan>
러   (v)빈   맨핼ǀ은   메ǀ이   린   맨핼ǀ은

③에서는 Love의 마지막 자음과 in이 연음되었고 ④에서는 Maid와 in이 연음되면서 Rule 6이 적용되어 'd'가 'ㄹ'로 변했습니다. Manhattan에서 't'가 숨 멎는 /t/로 발음되는 이유는 마지막 음절 'n' 앞의 모음이 강세가 없어서 발음되지 않기 때문입니다. 그래서 단지 '은'으로 발음되죠. (이렇게 발음되는 'n'을 전문용어로는 '음절 /n/'이라고 합니다.)

Listen & Practice IX

MP3 듣기

1. ⓐ but_ton   ⓑ cot_ton

2. ⓐ eat_en   ⓑ writ_ten

3. ⓐ cer_tain   ⓑ Brit_ain

4. ⓐ cur_tain   ⓑ moun_tain

5. ⓐ depart_ment   ⓑ impor_tant

6. ⓐ defini_tely   ⓑ immedia_tely

7. ⓐ a_t least   ⓑ a_t once

8. ⓐ One of your but_tons came off.

    ⓑ This letter is writ_ten by my grandmother.

9. ⓐ I need to go to the depart_ment store.

    ⓑ This is defini_tely the most impor_tant book.

10. ⓐ I have absolu_tely no idea what you're talking about.

    ⓑ You should a_t least try to understand where I'm

    coming from. ➡ where I'm coming from 나의 입장; 내가 느낀 바

영화 속 Rule 실전 적용 1

MP3 듣기

Mozart and the Whale

○ Sweetie, you can't disappoint me 'cause whatever you
　ⓖ스위리　　　　　　ⓔ　　　　　　　ⓔ　　　　　　ⓖ와레(v)벌(r)

are is exactly what I want.
　ⓔⓖ익(z)잭끌리　ⓖ와　라이

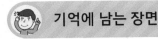
 자폐 증상을 가진 Donald와 Isabelle은 사랑에 빠져 결혼을 하지만 번듯한 직장을 갖게 된 Donald와 그가 변했다고 생각하는 Isabelle은 갈등을 겪습니다. 결국 떠났던 Isabelle이 자살을 시도하고 Donald는 의사의 충고에 따라 그녀에게 전화하고 싶은 마음을 억누릅니다. 마침내 만나게 된 두 사람의 대화.

Isabelle   All this time, and you didn't call.

Donald   I was gonna call.

Isabelle   You were?

Donald   Well, just to tell you that I wasn't gonna call so that you
ⓢ①쥐스 트

wouldn't be aggravated, sitting around and wondering
①ⓢ애그(r)뤄(v)베이릿   ⓢsi 링

when‿I was…
웨   나이

Isabelle   Gonna call?

Donald   Yeah. But‿in the end I figured that… forcing myself‿into
ⓢ버 린

your life was probably not right. I would‿always do that.
ⓖ   ⓖ워   럴웨이(z)즈

So the only nice thing I had left to give was just not to call.
ⓢ쥐스 낫

133

Isabelle   I hated‿you for not calling 'cause‿you were always

gonna be there and when you weren't, it was‿as‿if

you didn't love me anymore.

Donald   So go home. I'll call you.

🗣️ 기억해 두고 싶은 대사

Isabelle   Sweetie, you can't disappoint me 'cause whatever you

are is exactly what‿I want.

Isabelle   I can't promise‿you the future, Donald Duck. I don't

know if this‿is for two days‿or twenty years.

Donald   Finally, something about‿us that's normal.

→ 이 영화의 두 주인공 Isabelle과 Donald는 아스퍼거 증후군(Asperger's Syndrome)이라는
자폐증과 비슷한 정신적 장애를 가지고 살아가는 사람들입니다. 심한 자폐증 환자들은 상대방의
마음을 이해하도록 도와주는 마음 이론(theory of mind)이 결핍되어 있어 일반인과의 정상적인
관계를 유지할 수 없습니다. 하지만 아스퍼거 증후군을 가진 사람들은 자폐 증상을 보이기는 해도

정도가 심하지 않아 일반인들과 대화도 가능합니다. 그러나 상대방의 마음을 잘 이해하지 못해 한번 말을 시작하면 상대방이 관심을 보이거나 말거나 계속해서 떠들어 대고 상대방이 들어서 기분이 나쁘거나 무례하다고 여겨질 말들도 서슴없이 합니다.

사랑하는 남자와 극적으로 재회한 뒤 Isabelle이 하는 말, I can't promise you the future, Donald Duck. I don't know if this is for two days or 20 years. 상대방을 배려하는 말을 할 수 없는 아스퍼거 증후군을 갖고 있는 Isabelle다운 말이긴 해도, 용기를 내어 다시 찾아온 남자에게 하기에는 너무 잔인한 말이 아닐까요? 이 말을 들은 Donald의 담담한 대답, Finally, something about us that's normal. 정말 아이러니컬한 것은 마음 이론이 결핍되어 있지 않은 일반인들도 사랑을 하게 되면 Isabelle이 한 말과 같은 말을 서슴없이 한다는 것입니다. 영원하리라고 생각했던 사랑도 언젠가는 끝날지 모른다는 것은 누구나 인정하는 사실입니다. 하지만 누구나 알고 있는 이 사실을 말로 표현하지 않는 것도 사랑하는 사람을 위한 배려가 아닐까요?

Isabelle	이 오랜 시간 동안 나에게 전화 한 통 하지 않았지.
Donald	하려고 했어.
Isabelle	하려고 했어?
Donald	전화하지 않을 거라고 말해 주려고. 그러면 넌 전화기 앞에서 내가 언제 전화할 지 궁금해하면서 화를 내지도 않을 거고…
Isabelle	전화하려고 했다고?
Donald	응. 하지만 결국 이런 생각이 들었어. 내가 네 삶에 끼어드는 것이 옳지 않다고 말이야. 난 계속 그럴 거거든. 그래서 내가 너에게 마지막으로 할 수 있는 건 전 화하지 않는 것이었어.
Isabelle	난 네가 전화 안 해서 미웠어. 네가 항상 같이 있기로 했는데 없으니까. 그건 마 치 네가 날 더 이상 사랑하지 않는 것 같았어.
Donald	그럼 집에 가. 내가 전화할게.

·············· 기억해 두고 싶은 대사

1	Isabelle	너한테 실망할 일 없어. 네 어떤 모습이든 좋아.
2	Isabelle	너에게 미래를 약속할 수 없어, Donald Duck. 이것이 이틀이 될지 20년이 될 지는 나도 몰라.
	Donald	마침내 우리에게도 정상적인 것이 있다는 걸 알게 되었군.

<Mozart and the Whale>에서 모차르트는 Isabelle, 고래는 Donald를 가리킵니다. Isabelle과 Donald가 처음 같이 맞이하는 핼러윈(Halloween)에서 Isabelle은 모차르트로 Donald는 고래로 변장하고 거리를 활보하기 때문이죠. 우리나라 영어 교과서에도 자주 소개되는 Halloween은 변장을 한 아이들이 부모들과 가가호호 초콜릿이나 사탕을 받으러 다니는 trick or treating으로 유명합니다. 아이에게 초콜릿이나 사탕을 주지(treat) 않으면 아이들이 계란 등을 던져 골탕(trick)을 먹일 수 있다고 해서 trick or treating이라고 하죠.

L.A.에서는 걸어 다닐 수 있는 동네가 그렇게 많지 않고 아무리 가까운 거리라도 차를 타고 다니는 문화가 정착되어 있기 때문에 trick or treating을 다니는 아이들이 많지 않습니다. 하지만 Boston처럼 집들이 옹기종기 모여 있는 동네가 많은 곳에서는 10월 31일 저녁이 되면 플라스틱으로 된 Jack-o'-lantern(호박등)을 들고 사탕을 타러 다니는 어린이들이 아주 많죠.

1690년대 마녀사냥의 본 고장으로 유명한 Salem이라는 도시에서는(Boston에서 북동쪽 자동차로 40분 정도의 거리에 있음) Halloween을 전후로 많은 축제가 열리고 Boston에서도 L.A.와는 달리 많은 행사가 열립니다. 제가 MIT에서 교편을 잡았던 첫 해이던 2003년에도 여느 때와 같이 하버드와 MIT를 지나 Boston일대를 특이하게 꾸민 자전거로 차도를 누비는 자전거 퍼레이드가 열렸고, 저는 자전거를 꾸미지 못해 인사동에서 구입한 탈을 쓰고 참가했던 기억이 나네요.

영화 속 Rule 실전 적용 2

MP3 듣기

Dear John

이것만은 확실히!

○ And that way we'll be with⌣each⌣other all the time
⑨

even⌣if we're not with⌣each⌣other at⌣all. That way
⑨   ⑥에 럴   ⑨

before we know it, I'll see you soon, then.

군 복무 기간 1년을 남기고 집에서 휴가를 보내던 John은 여름방학을 보내려 집으로 온 보수적인 대학생 소녀 Savannah와 우연한 계기로 사랑에 빠지게 됩니다. 첫 만남이 이 뤄진 후 바닷가를 함께 걸으며 나누는 풋풋한 대화.

Savannah Full moon tonight. Did‿you ever <u>notice</u> how big the
ⓔ노우리스

moon‿is when‿it's rising and how <u>little</u> it gets
ⓔ리를

when‿it's‿up‿in the <u>sky</u>?
ⓔ웨   니   (ts)처 빈   ⓔ스까이

John You know, that's just your <u>perspective</u>. Actually, it doesn't
ⓔ펄(r)스**빽**디(v)브

<u>matter</u> where it‿<u>is</u>‿in the <u>sky</u> or where you are in the
ⓔ**매럴**(r)   ⓔ이 리 (z)진   ⓔ스까이

world if‿you hold‿your <u>hand‿up‿and</u> close one‿of‿
ⓔⓔ해   너 뻰

your eyes. It's never bigger than your thumb.

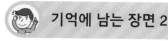 2주간의 짧은 운명적인 만남을 뒤로하고 다시 군대로 돌아가는 John에게 Savannah 가 쓴 처음 편지.

Savannah · You made me a promise. A promise‿I know you'll keep.
①프(r)라머스

So I only want one more promise from you during this
ⓔ

time we spend‿apart. Tell me everything. Write‿it‿
ⓕ(r)라이 리

all down, John. Scribble‿it‿in‿a notebook; type‿it
릴 　ⓔⓕ스끄(r)뤼블 리 리 너 　ⓔⓕ타이 삐

‿out; e-mail it to me. I don't care, but‿I wanna know
라웃 ⓕ아 론 ⓕ버 라(이)

everything. And that way we'll be with‿each‿other all
ⓔ

the time even‿if we're not with‿each‿other at‿all. That
ⓔ ⓕ에 럴 ⓔ

way before we know it, I'll see you soon, then.

John

But⌣it's⌣a full moon here tonight, which makes me
⑥버　리　(ts)처

think⌣of⌣you. Because⌣I know that̲ no matter
②(e)띵　꺼　(v)뷰　　　　　　　⑨　⑥매럴(r)

what⌣I'm doing, no matter where I am, this moon will
⑥와　람

always be the same size⌣as⌣yours. Half⌣a world⌣

away.

→ Savannah와의 첫 만남이 이루어졌던 바닷가의 대화를 떠올리며 John이 Savannah에게 쓴 편지의 한 구절.

Tim

She still loves⌣you. It's plain⌣as day; you can̲ *see it⌣
❶⑥큰　si: 이

all over her face. I wish that weren'̲t the case, but she's
럴　　　　　　　　　　　　⑨

never looked⌣at me the way she used to look⌣at you.
②륵　땟　　　　　　　　　　　　②르　깻

You should know that.

*〈New in Town〉 '영화 속 발음 이야기' 참고(p. 153)

→ 돌아가신 아버지의 장례를 치르기 위해 집으로 돌아온 John은 암으로 죽어가는 Tim을 돌보기 위해 Savannah가 Tim과 결혼했다는 사실을 알게 됩니다. 병원으로 찾아온 John에게 Tim이 사과하며 건네는 말.

Savannah   The problem with time, I've learned… whether it's

those first two weeks I got to spend with‿you or
ⓐ스뻰드

those final two *months I got to spend with‿him…
ⓑ먼(ts)츠   ⓐ스뻰드

eventually time always runs‿out.

→ Tim이 세상을 떠난 후 Savannah가 John에게 보내는 마지막 편지의 한 구절.

영화 대본
확인하기 ······ 기억에 남는 장면

1	*Savannah*	보름달이네. 달은 떠오를 때 엄청 큰 거 알아? 근데 막상 뜨면 엄청 작아지고.
	John	그냥 그렇게 보이는 거야. 달이 어디에 떠 있든 네가 어디에 있든 한 손을 들고 한쪽 눈을 감아 봐. 엄지보다 절대 크지 않지.
2	*Savannah*	나한테 약속했지. 약속 지켜 줄 거라 믿어. 그래서 우리가 헤어져 있는 동안 하나만 더 약속해 주길 바랄게. 전부 다 말해 줘. 노트에 대충 써 놓고 타이핑해서 이메일로 보내 줘. 어떻든 상관없어. 단지 모든 걸 알고 싶어. 그럼 떨어져 있지만 항상 함께 있는 것처럼 느껴지겠지. 그러다 보면 우리도 모르는 사이에 곧 다시 만날 거고.

················ 기억해 두고 싶은 대사

1	*John*	하지만 여기서 보름달을 보니 네 생각이 더 간절해. 내가 무엇을 하고 어디에 있든 저 달은 네가 보는 달과 똑같은 크기일 테니까. 지구 반대편에서도.
2	*Tim*	그녀는 아직도 자넬 사랑해. 분명히. 그녀의 얼굴에 다 쓰여 있지. 나도 그렇지 않길 바라지만, 그녀가 자넬 보던 그 눈빛으로 날 봐 준 적이 단 한 번도 없었어. 그건 알아두게.
3	*Savannah*	시간의 문제는, 이제야 배운 거지만, 너와 함께했던 첫 두 주나 그와 함께한 마지막 두 달이나 결국 언젠가는 다 지나가기 마련이더라고.

months는 우리나라 사람들이 가장 어려워하는 발음 중에 하나입니다. 끝에 3개의 자음 소리(n, th, s)가 뭉쳐 있기 때문이죠. 많은 사람들이 마지막 s를 빼고 발음하곤 하는데 마지막 s는 복수를 나타내기 때문에 꼭 발음해야 합니다. 마지막에 3개의 자음 소리가 겹쳐 있을 때에는 Rule 5에서 설명한 것처럼 가운데 자음을 빼고 발음하면 됩니다. 그럼 months는 /mʌns/로 발음하면 되겠죠.

clothes(옷)의 발음도 모음 /ou/를 /ow/로 생각하면 원어민들이 왜 clothes /klowðz/를 close /klowz/와 똑같이 발음하는지 알 수 있습니다. 마지막 3개의 자음 소리 /wðz/ 중에서 가운데 소리를 뺀 것이죠.

그런데 사실 미국인들은 months를 /mʌns/로 발음하지 않고 /n/과 /s/ 사이에 /t/를 넣어 /mʌnts/로 발음합니다. /nts/는 자음 3개가 뭉쳐있는 것 처럼 보이지만 /ts/는 우리말의 '츠'와 비슷한 하나의 자음 소리라고 볼 수도 있습니다. 하지만 우리말 '츠'와는 달리 <New in Town>의 '영화 속 발음이야기' (p. 153)에서 설명한 것처럼 혀를 '싸, 쎄, 쏘, 쑤'를 발음할 때의 위치에 놓고 '츠'라고 발음해야 합니다.

/n/과 /s/ 사이에 /t/를 넣는 발음 현상은 months /mʌns/뿐만이 아니고 /ns/로 끝나는 모든 단어에서 일어납니다. 그래서 미국인들은 prince와 prints 그리고 sense와 cents를 똑같이 발음하죠.

Rule

10

quee-, qui-, que-는
'퀴'와 '퀘'가 아니고
'크위'와 '크웨'로 발음한다.

영화 <Mamma Mia>의 대미를 장식하는 그룹 ABBA의 'Dancing Queen'은 전 세계적으로 아주 잘 알려진 노래입니다. queen은 알파벳을 익힐 때 배우는 단어 중에 하나이기도 합니다. 'qu'로 시작하는 명사가 별로 많지도 않고 queen은 어린이 동화에서 prince, princess와 더불어 빼놓을 수 없는 등장인물들 중 하나이기 때문이죠.

그런데 '퀸'이라는 발음은 원어민들이 알아 듣지 못합니다. 미국에서 퀸 사이즈 침대를 구입하러 갔다가 의사소통이 안 돼 낭패를 본 사람들이 많죠. 하지만 사실 queen처럼 쉬운 발음이 없습니다. '퀸'이 아니고 '크윈'으로 발음하면 모든 원어민들이 알아들을 수 있는 발음되죠.

① queen
크윈

① queen과 마찬가지로 ② quick도 '퀵'이 아니고 '크윅'으로 발음됩니다. ① queen과 달리 ② quick의 모음은 한국 사람들이 가장 발음하기 어려운 단모음 '이'이지만 '크윅'은 모든 사람이 알아들을 수 있는 발음입니다. ③ question도 '케스쳔'이나 '퀘스쳔'으로 발음하지 말고 '크웨스쭨'으로 발음해야 합니다.

② quick
크윅

③ question
크웨스쭨

그럼 ④ ubiquitous '유비쿼터스'의 'qui'도 '크위'라고 발음해야 할까요? 이 단어에서는 'qui'가 '쿼'로 발음됩니다. 왜 그럴까요?

④ ubiquitous
유비꿔러스

ubiquitous는 두 번째 음절 'bi'에 강세가 있기 때문에 Rule 1에 의해 강세가 없는 음절인 'qui'의 모음이 '어'로 바뀌고 Rule 2에 의해 '쿼'가 '꿔'로 바뀌게 됩니다. 또 마지막 음절의 't'는 Rule 6에 의해 'ㄹ'로 바뀌게 되겠죠. 그래서 미국식 발음은 '유비꿔러스'가 됩니다. 마찬가지로 ⑤ equal도 강세가 첫음절에 있어서 '이크월'이 아니고 '이뀔'로 발음되죠.

⑤ equal
이뀔

이렇듯 영어에서 가장 중요한 것은 누가 뭐래도 강세(stress)라고 할 수 있습니다. 영어의 stress 때문에 스트레스를 받지 않는 지름길은 자기가 아는 모든 단어를 사전에서 찾아 강세의 위치를 외우는 것입니다.

저는 중학교 1학년 때 영어를 처음 접하고 고등학교 3학년 때 미국으로 이민을 갔습니다. 물론 처음에는 영어 한마디도 제대로 못했죠. 그러던 제가 영어를 원어민처럼 잘하게 된 가장 큰 이유도 이민 갈 때 들고 간 조그마한 종이 사전을 처음 2년간 주머니에 넣고 다니며 중학교 때 배웠던 단어부터 강세의 위치를 모두 외웠기 때문입니다.

Listen & Practice X

1. ⓐ queen   ⓑ quiz

2. ⓐ quick   ⓑ quilt

3. ⓐ question   ⓑ quest

4. ⓐ liquid   ⓑ request

5. ⓐ equipment   ⓑ equation

6. ⓐ equivalent   ⓑ tranquility

7. ⓐ ubiquitous   ⓑ equal

8. ⓐ I need a queen-size bed.

    ⓑ I quit my job last week.

9. ⓐ Can I ask you a quick question?

    ⓑ Can I make a request for a song?

10. ⓐ What kind of equipment do you need?

    ⓑ I think there was a small earthquake last night.

New in Town

이것만은
확실히!

A Do you mind if ⌣I ask⌣you a personal question?
　　　　　②애스　꿈　　　　　　　　⑩크**웨**스쬔

B But I can see how you'd think that was sort⌣of funny.
　　　①아 큰　si:　　　　　　　　　　⑥⑦쏘(r) 러

Imagine, Jesus gone missing. Imagine.
①어매쥔　　　　　　　　　　①어매쥔

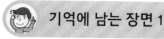 기억에 남는 장면 1 ▶ 0:10:30

마이애미 출신인 Lucy가 미네소타 주의 작은 마을에 도착한 첫 날 회사 부하 직원 한 명
과 차 안에서 대화를 나누는 장면.

Blanche   Do you mind if⌣I ask⌣you a personal question?
            ②애스 꾸   ⑩크웨스��쩐

Lucy   Isn't that what⌣you've been doing?
            ⑦와   츄   빈

Blanche   Have⌣you found Jesus?
            ⑤ ø

Lucy   I didn't know he was missing.
            ⑥아 린

            (Lucy Laughs.) It was just⌣a joke.
            ②줘스 떠 조욱

Blanche   Normally, we don't joke⌣about Jesus around here. But I
            ⑥위 론   ②조우   꺼뱌웃   ①아

            can see how you'd think that was sort⌣of funny. Imagine,
            큰   si: ⑥⑦쏘(r) 러   ①어매쥔

            Jesus gone missing. Imagine.
                                ①어매쥔

기억에 남는 장면 2

Lucy의 남자 친구인 Ted가 자기 딸과 학교 댄스 파티에 함께 가는 남학생에게 아빠로서
경고하는 장면.

Ted   Hey, hey, hey. You're gonna have her home by 10:30,
⑦해 (v)벌(r)

right?

Boy   Yeah.

Ted   OK. Hey, hey, listen. I want you to remember something.
⑥①원 츄 르

Whatever you do to my daughter, I do to you.
⑥와레(v)벌(r)　⑥①르　⑥다럴(r)　⑥①르

Lucy   I think what your father meant to say is "go and have a

good time."

Ted   That's not what I meant, actually. That's not what I said.
⑥와 라이　　　　　　　　⑥와 라이

That is so not what I meant at all.
②(ð)대 리(z)즈　⑥와 라이　⑥애 럴

1	Blanche	사적인 질문 하나 해도 될까요?
	Lucy	계속 사적인 질문하지 않으셨나요?
	Blanche	주님을 찾았어요?
	Lucy	예수님이 언제 실종되셨었나요? (웃음) 나름 농담한 건데.
	Blanche	여기선 주님에 대한 농담은 안 합니다. 그런데 당신이 그게 어떻게 재미있다고 느끼는지 이해가 되긴 하네요. 예수님이 실종되었다고 상상해 보세요..

2	Ted	잠깐! 10시 반까진 집에 데려올 거지?
	Boy	네.
	Ted	그래. 참, 잘 들어. 이건 꼭 기억해 둬라. 네가 내 딸한테 어떻게 하든 그대로 해 줄 거야.
	Lucy	아빠 말씀은 가서 재미있게 놀라는 거야.
	Ted	내가 한 말뜻은 그게 아냐. 내가 한 말은 그게 아니지. 그런 뜻으로 말한 게 전혀 아니야.

1. '싸, 쎄, 씨, 쏘, 쑤'를 한 번 크게 또박또박 발음해 보세요. '싸, 쎄, 씨, 쏘, 쑤'를 발음할 때 혀의 위치와 '씨'를 발음할 때 혀의 위치가 같은가요, 다른가요? '싸, 쎄, 쏘, 쑤'를 발음할 때보다 '씨'를 발음할 때 혀가 좀 더 뒤로 간다는 것이 느껴지나요? 우리말에서는 신기하게도 'ㅅ/ㅆ'이 모음 '이' 앞에 오면 혀가 저절로 뒤로 갑니다. 물론 영어에는 없는 현상입니다.

   그래서 알파벳 C /siː/를 '씨'로 발음하면 안 되는 것이지요. 혀를 '싸, 쎄, 쏘, 쑤'를 발음할 때의 위치에 놓고 '씨'라고 발음해야 합니다. '보다'라는 동사 see /siː/도 동일하게 발음해야 합니다. I can see.에서 can은 기능어이므로 '큰'으로 발음되고 문장 강세는 의미어인 see /siː/에 있으므로 /siː/를 강하게 읽어야 합니다.

2. forty와 같이 'r'과 모음 사이에 오는 't'도 'ㄹ'로 변합니다. 놀랍게도 20, 30, 40, 50, 60, 70, 80, 90 중에서 마지막 음절이 '티'로 발음되는 숫자는 하나도 없습니다. eighty처럼 thirty와 forty는 '리'로 발음되고 fifty와 sixty는 Rule 2에 의해 '띠'로 발음됩니다. seventy와 ninety는 twenty처럼 Rule 8에 의해 '니'로 발음될 수도 있지만 주로 '디'로 발음됩니다.

twenty	'니'	thirty	'리'
forty	'리'	fifty	'띠'
sixty	'띠'	seventy	'디'
eighty	'리'	ninety	'디'

영화 속 문화 엿보기

고등학교를 졸업하는 미국 학생들의 가장 큰 관심거리 중 하나는 학교에서 공식적으로 주최하는 prom이라는 댄스 파티입니다. <American Pie>를 비롯하여 십대들을 위한 영화의 주제로 많이 사용되는 아주 중요한 이벤트죠. 미국의 고등학교에서는 prom 이외에도 학교에서 공식적으로 주최하는 댄스 파티가 많이 있습니다. 보통 남학생이 여학생에게 데이트를 신청하고 여학생이 허락하면 댄스 파티가 있는 날에 남학생이 여학생 집으로 pick up을 갑니다. 처음으로 딸을 댄스 파티에 보내는 Ted가 긴장한 나머지 딸을 데리러 온 남학생에게 그만 Whatever you do to my daughter, I do to you. "네가 내 딸한테 어떻게 하든 그대로 해 줄 거야."라는 끔찍한 말을 하고 말았습니다.

영화 속 표현 탐구

Have you found Jesus?

Have you found Jesus?에서 to find Jesus는 '예수님(주님)을 영접하다'는 뜻입니다. find는 '～을 찾다' 라는 뜻이 있으므로 Have you found Jesus? "예수님을 영접하셨어요?"라는 질문에 I didn't know he was missing. "예수님이 실종되셨는지 몰랐는데요."라는 말장난이 성립되는 것이죠.

That is so not what I meant.

That is so not what I meant.에서 특이한 것은 so의 위치입니다. 문법적으로는 It wasn't so good.처럼 so가 not 뒤에 오는 것이 정상이죠. 하지만 구어체에서는 That is so not true.처럼 so가 not 앞에 쓰여 부정을 강조하는 역할을 합니다.

154

영화 속 Rule 실전 적용 2

Shallow Hal

이것만은
확실히!

Ⓐ <u>Would⌣it</u> bother you if the <u>rest⌣of the</u> world didn't

   ⑥워   릿   ❷⑦(r)뤠스 떠 (ð)더

   <u>find⌣her</u> attractive?

   ⑦(f)파인   덜(r)❽❷어추(r)**뢕**디(v)브

Ⓑ OK, let me <u>ask⌣you</u> a question. Who's the all-time

          ❷애스 뀨   ⑩크**웨스쪈**

   <u>love⌣of⌣your</u> life?

   러 (v)버 (v)뵤열(r)

기억에 남는 장면 1

▶ 1:16:42

외모 지상주의자인 Hal은 최면에 걸려 뚱뚱한 Rosemary가 미녀인 줄 착각하고 사랑에 빠지게 되지만, 친구에 의해 최면이 풀리고, 그녀의 실제 외모를 보게 됩니다. 차라리 미인으로 보일 때가 행복했다고 절규하는 Hal.

Hal You screwed me, man! I had‿a beautiful, caring, funny,
②스끄(r)루드 ⑥해 러 ⑥①뷰러(f)펄

intelligent woman, and you made‿her disappear!
①인텔러쥔트 ⑥⑦메이 럴(r)

Mauricio Oh, no, I didn't. I just made Rosemary appear. There's‿a
⑤줘스 메이드

difference. It's called "reality."
①⑥(r)뤼앨러리

Hal Hey, if‿you can see something and hear it and smell‿it,
이 (f)퓨 ①큰

what keeps‿it from being real?

Mauricio Third-party perspective? Other people agreeing that‿it's
⑥파(r)리 ②펄(r)스빽디(v)브 ⑥(ð)대 리츠

real?

Hal OK, let me ask‿you a question. Who's the all-time love‿
②애스 뀨 ⑩크웨스쩐 러

of‿your life?
(v)버 (v)뵤얼(r)

Mauricio Wonder Woman.

Hal   OK. Well, let's say Wonder Woman falls‿in love with‿you,

right? Would‿it bother you if the rest‿of the world

didn't find‿her attractive?

Mauricio   Not‿at‿all, 'cause I know they'd be wrong.

Hal   That's what‿I had with Rosemary! I saw a knockout!

I don't care what anybody else saw!

Mauricio   Jeez, I never thought‿about‿it that way. Hey, I guess‿I

really did screw ya, huh?

기억에 남는 장면 2   ▶ 1:41:45

상처를 받은 Rosemary는 Carabas로 자원봉사를 하러 떠나기로 결심합니다. 진정한
사랑의 의미를 깨달은 Hal이 Rosemary의 송별 파티에 찾아와 사랑을 고백하는 장면.

Hal   Rosemary, I'm so sorry that‿I hurt you. I've been really

dumb. I'm immature. I'm unthoughtful. I'm a friggin' idiot.

But I love you. You're the only girl I've ever loved. And
ⓢ버 라이

I just didn't want you to go away without knowing that.
ⓢ쥐스   ⓨ   ⓨ   ⓢ⓵르

Rosemary   You really hurt me.
ⓨ

Hal   I know, but if you'll let me, I wanna spend the rest of
ⓢ버 리 (f)표얼   ⓨ   ⓔ스뻰 ⓔ⓻(r)뤠스 떠

my life making it up to you.
마이   ⓔⓢ**메**이낑 이 럽

기억해 두고 싶은 대사

Rosemary   What?

Hal   *Nothin'. I just can't believe how lucky I am.
ⓢ쥐스   ⓨ   ⓔ러끼

→ 최면에 빠진 자신의 눈에만 예쁘게 보이는 Rosemary를 빤히 쳐다보다 Hal이 하는 말.

1	Hal	너 때문에 망했어! 아름답고 자상하고 유머 있고 똑똑한 애인이 있었는데 내 애인을 사라지게 했잖아!
	Mauricio	무슨 소리야? 난 단지 진실의 Rosemary가 나타나도록 한 거지. 그건 완전히 다르지. '현실'이라고 하는 거야.
	Hal	보이고 들리고 느낄 수 있으면 그게 현실이 아니고 뭐야?
	Mauricio	딴 사람이 볼 때도 현실이어야지? 객관성이 있어야 진짜지.
	Hal	그럼 하나 묻자. 네가 평생 사랑한 여자는 누구냐?
	Mauricio	원더우먼.
	Hal	좋아. 원더우먼이 너와 사랑에 빠진다고 하자. 만약 다른 사람들이 그 원더우먼을 매력이 없다고 한다면 신경 쓰이겠어?
	Mauricio	전혀. 걔네들이 틀렸다는 걸 알 테니.
	Hal	나에게도 Rosemary가 그랬어! 나는 최고의 미녀를 봤거든! 남들이 어찌 보든 상관없어!
	Mauricio	이런, 그렇게는 생각을 못 해 봤네. 야, 내가 정말 널 망친 것 같다.

2	Hal	Rosemary, 상처 준 거 미안해. 내가 정말 멍청했어. 난 어리석고 단순한 바보 천치야. 하지만 자길 사랑해. 당신이 내가 사랑한 유일한 여자야. 당신이 그 사실을 모른 채 떠나보내기 싫었어.
	Rosemary	당신은 정말 나에게 상처를 줬어.
	Hal	알아, 하지만 허락만 해 준다면 평생 그 잘못 갚으며 살게.

| | Rosemary | 왜? |
| | Hal | 아무것도 아냐. 내가 얼마나 행운아인지 정말 믿을 수가 없어. |

영화 속 발음 이야기

맥도날드의 광고 구호인 i'm lovin' it에는 색다른 것이 두 가지 있습니다. 첫째는 i를 소문자로 쓴 것이고 둘 째는 loving을 lovin'으로 표기한 것이죠. 상태동사인 love에 -ing를 붙인 것도 구어체의 특성을 살린 것이고, -ing에서 g를 빼고 생략부호를 붙여 in'으로 표기한 것도 구어체의 발음을 그대로 옮긴 것입니다. ⓐ와 ⓑ처럼 자주 사용되는 표현들에서도 -ing는 주로 -in'으로 발음됩니다.

ⓐ What are you doin'?

ⓑ What are you talkin' about?

Nothing은 What?이라는 질문에 가장 흔히 사용되는 대답입니다. Nothing도 주로 Nothin'으로 발음되죠. 일상대화에서 something의 발음은 더 희한하게 바뀝니다. some을 발음하고 입이 닫히면 thing을 발음하기 위해 입술을 떼고 앞니 사이로 혀를 내미는 과정이 너무 많은 시간과 에너지를 요구합니다. 그래서 thing은 입을 닫은 채로 '은'이라고 발음하고 말죠.

I'm a friggin' idiot. 나는 정말 바보야.

영어의 대표적인 나쁜 말에는 f**k와 sh*t가 있습니다. 물론 미드에는 나오지 않지만 영화에서는 종종 사용되어 많은 우리나라 사람들에게도 익숙한 표현입니다. 굳이 말하자면 둘 중에 f**k가 sh*t보다 더 나쁜 욕이라고 할 수 있지만 sh*t도 점잖은 사람이 절대 입에 담지 않는 말입니다. 우리말의 '쌍시옷' 소리와 비슷한 수준이죠. 그런데 많은 학생들이 특히 sh*t가 얼마나 나쁜 말인지를 잘 모르고 있는 것 같습니다. 우리말을 할 때는 절대 쌍시옷 소리를 하지 않는 착한 학생이 아무 스스럼없이 Sh*t를 내뱉는 것을 많이 보았기 때문이죠.

그럼 원어민들은 나쁜 말을 쓰지 않고 강한 감정을 드러내고 싶거나 강조를 하고 싶을 때는 어떻게 할까요? 아래와 같이 발음이 비슷한 다른 단어로 순화(?)를 하여 씁니다.

f**k	→	frig / frick
sh*t	→	shoot
hell	→	heck
damn	→	dang

사랑을 고백하는데 아무리 자기가 바보였었다는 것을 강조하고 싶더라도 f**kin' idiot이라고 한다면 듣는 사람의 기분이 좋을 리 없겠죠. 그래서 Hal이 f**kin' 대신 friggin'을 쓴 것입니다.

나가는 말

"Love is a very loaded word." <50 First Dates>에서 Lucy가 Henry 에게 "Do you love me?"라고 물어보자 Henry가 하는 말입니다. Henry의 말대로 Love는 정말 의미가 가득하고 복잡한 단어인 것 같습니다. 사랑을 하는 사람들을 보면 알 수 있죠. 한순간에는 말로 형용할 수 없는 행복에 젖어있다 다음 순간에는 또 처절한 절망감에 시달립니다. 사랑을 고백할 때는 그 어느 시인보다도 더 시적인 아름다운 말로 고백을 하다가도 사소한 말다툼을 할 때에도 자기가 받을 상처가 두려워 사랑하는 사람의 심장에 비수를 꽂는 이야기도 서슴지 않고 합니다.

<The Holiday>에서 술에 취해 여동생 집을 찾아간 Graham은 다음 날 L.A.로 떠나기로 결심한 Amanda를 처음 만나게 되고 그날 밤 잠자리를 같이 하게 됩니다. 다음 날 아침 서로 어색한 대화를 나누다 Graham은 집을 나서기 전 Amanda에게 이렇게 말합니다. "Well, I just want to be sure you are okay, because somehow I find... I tend to hurt women simply by being myself." 막 잠자리를 같이 한 여자에게 도저히 할 수 없는 자아도취적인 발언이지만 사실, 떠나야 하는 여자에게 사랑을 느끼고 있는 자신을 보호하려고 한 말이었습니다. 행복했던 며칠을 뒤로 하고 다시 L.A.로 돌아가기로 결심한 Amanda를 말없이 보내고 구석에서 어린애 같이 엉엉 울고 있던 여린 Graham 이었기 때문에 할 수 있었던 말이죠.

사랑을 하게 되면 말뿐만이 아니고 행동도 이상하게 변해 버립니다. 자신감에 넘쳐나던 사람도 진정 사랑하는 사람 앞에서는 자신이 한없이 초라하게 여겨지고, 부

족한 자신을 개선하기 위해 사랑하는 사람이 아닌 자신에게 관심을 가지게 됩니다. 이런 서로의 콤플렉스를 상대방은 서서히 이기심으로 오해하게 되고 사소한 말 한마디 행동 하나에 큰 싸움을 하기도 합니다. <Bridget Jone's Diary>에서 Mark는 Bridget에게 앞뒤가 안 맞는 장황한 사랑 고백을 하다가 결국은 이렇게 말합니다. "I like you very much, just as you are."

당신은 지금 당신의 모습 그대로를 사랑해 주는 사람과 함께 시간을 보내고 있나요? 아니면 그렇게 사랑해 주는 사람 앞에서 초라해지지 않으려고 자신을 위해 시간을 보내고 있나요? 사랑하는 사람과 가족을 위한다는 생각에 열심히 일을 하고 자기 계발에 노력하느라 정작 사랑하는 그들과 시간을 보내지 않는다면 진정한 사랑이라고 할 수 없겠죠.

After all, as *Heidegger once said, "you are what you do," not what you say.

---

*하이데거, 20세기 독일 실존주의(existentialism) 철학자